누구나
쉽고 재미있게

사고력 수학

노크

D1
(11~12세)

수

이 책을 보시는 부모님들께

머리가 좋아야 수학을 잘 한다는 말이 있습니다. 또, 수학을 잘 못하는 아이는 아빠, 엄마의 머리를 물려받아서 그렇다는 등의 난데없는 유전자 논쟁이 벌어지기도 합니다. 하지만 많은 사람들의 일반적인 생각과는 달리 이는 근거없는 이야기입니다. 외국의 한 연구 기관에서 언어, 사회, 수학, 과학의 네 가지 분야 중 어떤 것이 아동의 선천적 재능에 영향을 받는지 조사한 연구 결과를 발표했는데 일반적인 예상과는 다르게 선천적 재능에 영향을 받는 순서는 사회, 언어, 과학, 수학 순이었습니다. 다시 말해, 수학은 여러 학문 분야 중 선천적인 재능보다는 후천적인 환경이나 교육자, 학습자의 노력에 가장 큰 영향을 받는 학문이라 볼 수 있습니다. 수학의 가장 기본이 되는 '수 영역'의 예를 들어 보겠습니다. 아이들이 수를 처음 접하는 시기의 차이는 있지만 실제 수에 대한 감각과 수를 다루는 연습은 생활 속에서의 체험이나 다양한 활동, 학습 속에서 이루어집니다. 즉, 수학의 가장 기본이 되는 수는 선천적으로 가진 재능과는 거의 연관이 없으며 자라나면서 어떤 환경에 놓이는지, 얼마나 많이 수를 생각할 수 있는 기회가 있는지, 나이에 맞는 올바른 학습을 만날 수 있는지에 좌우됩니다. 그러므로 아이의 수학적 발달에 문제가 있다면, 그 아이가 누구를 닮아서 그런지, 지능이 떨어지는지를 따질 것이 아니라 수학적 힘을 기를 수 있는 학습 환경을 어떻게 만들어줄 것인가를 고민해야 합니다.

국제영재교육연구소의 랜즐리 소장은 영재의 기준을 마련하기 위해 여러 연구를 시행한 결과, 영재의 공통적인 특징들을 발견하였습니다. 첫째는 115 이상의 지능지수(IQ), 둘째는 창의력(Creativity), 셋째는 동기적 요소라고 부르는 끈질긴 근성과 과제집착력이었습니다. 이들 세 가지 요소 역시 선천적으로 타고 나는 부분도 물론 있겠지만 대부분 후천적인 학습이나 교육 활동을 통해 기를 수 있는 능력이라는 데에 이의를 제기하기는 힘듭니다.

이처럼 수학적 능력은 후천적 학습 환경에 주로 좌우되며, 특히 어린 시절에는 그러한 경향이 더더욱 두드러집니다. 하지만 우리의 아이들을 둘러싼 수학적 환경을 다시 한 번 돌아봅시다. 초등학교를 들어가기 전부터 과도한 학습량과 무의미한 반복 활동, 이후의 수학 학습에 오히려 방해가 될 정도로 무리한 선행 학습 등의 환경은 아이의 수학적 힘을 길러주기보다는 수학에서 가장 중요한 창의적 사고력을 기를 수 있는 기회를 박탈함과 동시에 수학에 대한 흥미를 급속하게 떨어뜨리게 하여 수학으로 문제를 해결하려는 의지, 즉 수학적 동기를 스스로에게 부여하는 것을 불가능하게 만들어 버립니다. 중요한 것은 남들보다 먼저, 그리고 더 많이 수학적 지식을 머리 속에 주입하는 것이 아니라 태어나서부터 누구나 가지고 있는 수학에 대한 관심, 그리고 수학으로 생각하는 힘을 일깨워주는 것입니다.

수학을 잘할 수 있는 힘,

수학적 잠재력은 이미 여러분 아이들의 머릿 속에 줄곧 있어왔습니다. 단지 어떤 아이는 그것을 찾아내어 드러낼 수 있었고, 어떤 아이는 꼭꼭 숨긴 채 평생 드러나지 않을 뿐입니다. 이러한 수학적 잠재력에 대한 참신한 자극 – 생각을 두드리는 '노크'를 제안하려 합니다. '노크'는 수학적 지식과 스킬만을 무리하게 밀어넣지 않습니다. 왜 수학을 해야 하고, 어떻게 수학으로 가능한지 끊임없이 스스로 생각하게하는 계기로서의 활동이 되려 합니다. 일상으로부터 괴리된 학문으로서의 수학이 아닌, 삶을 살아가며 반드시 키워야 할 논리적, 합리적 사고력을 기를 수 있는 누구에게나 가장 중요한 경쟁력으로서의 수학을 주장합니다. '노크'야말로 새로운 수학 학습의 길을 보여주는 방향타가 될 것입니다.

한 현 조

똑!똑! 사고력 수학
노크의 구성

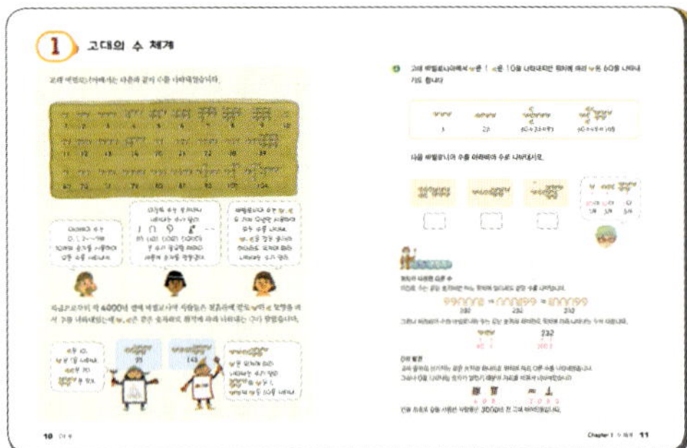

시작 : 생각열기

사고력 수학 주제에 맞는 수학적 상황, 수학사, 생활 속 수학 이야기 등의 자유로운 형식으로 흥미를 유발하고, 수학적 사고를 자극하는 주제별 프롤로그

노크 포인트

문제 해결의 핵심적 원리를 '콕!' 집어서 간결하게 요약한 사고력 수학 주제별 포인트

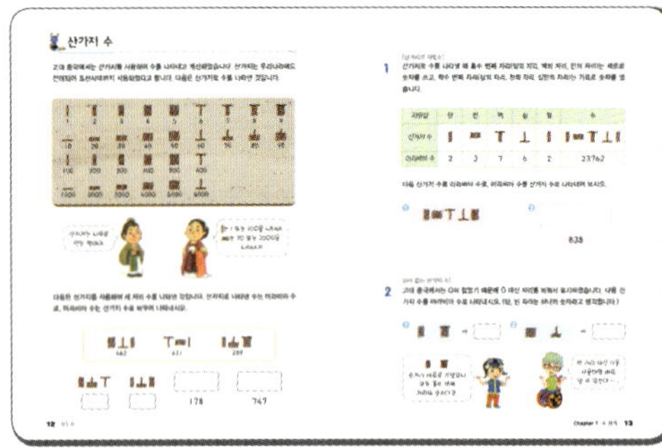

전개 : 유형 탐구

사고력 수학의 대표 유형을 노크만의 새로운 방법으로 차근차근 한 단계씩 익히고 해결하는 단계적 유형 탐구와 이를 통해 익힌 방법적 원리를 적용, 확장하는 확인 문항

수학 요정들의 친절한 충고와 꼬마 요괴들의 밉살스럽지만 유용한 조언으로 어려운 발전 문항의 해결을 돕는 문제 해결 도우미 박스

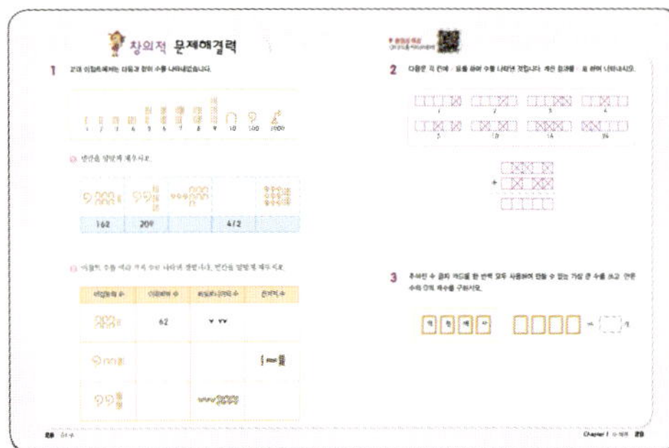

발전 : 창의적 문제해결력

3개의 사고력 수학 주제를 갈무리하는, 한 차원 높은 창의력과 복합적인 사고력을 요구하는 발전 문항의 끝판왕

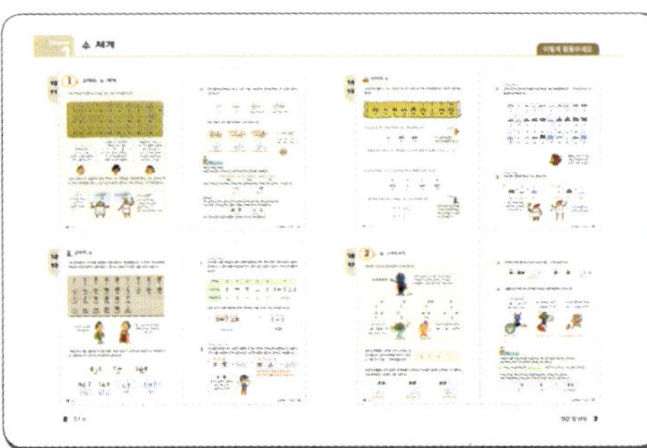

마무리 : 정답 및 해설

본문에 그대로 첨삭된 정답과 간략한 풀이 과정을 통한 사고력 수학 활동 피드백으로 마무리

노크
캐릭터 소개

지식을 되찾기 위해 노크랜드로 떠난 모험가 친구들

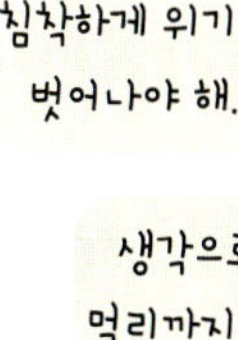

태경
활동파 리더

지오
호기심 공주

초이
조용한 전략가

아인
꼬마 천재

마법사 멀린과 수학 요정

마법사 멀린

노크랜드의 지식의 수호자. 지식을 파괴하려는 대마왕의 음모에 맞서 모험을 떠난 친구들의 든든한 조력자.

아르키메데스

페르마

플라톤

파스칼

피타고라스

가우스

유클리드

오일러

대마왕과 꼬마 요괴

대마왕

노크랜드의 지식의 파괴자. 세계를 차지하기 위해 모든 지식을 없애버리려고 하는 요괴들의 두목.

따소리

한입

장난

잘난척

딴짓

멍하니

잠만자

대충이

산만해

울보

거꾸로

뛰어

수 체계

고대의 수 체계

고대 바빌로니아에서는 다음과 같이 수를 나타내었습니다.

1	2	3	4	5	6	7	8	9	10
11	12	13	14	20	21	22	30	39	
60	70	71	72	80	81	92	100	104	

지금으로부터 약 **4000**년 전에 바빌로니아 사람들은 진흙판에 칼로 와 모양을 파서 수를 나타내었는데 , 은 같은 숫자라도 위치에 따라 나타내는 수가 달랐습니다.

25

145

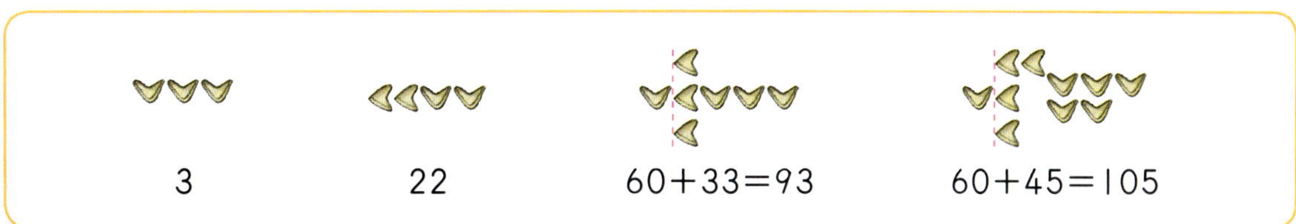

고대 바빌로니아에서 ⌄은 1, ◁은 10을 나타내지만 위치에 따라 ⌄은 60을 나타내기도 합니다.

| 3 | 22 | 60+33=93 | 60+45=105 |

다음 바빌로니아 수를 아라비아 수로 나타내시오.

노크 포인트

위치가 다르면 다른 수

이집트 수는 같은 숫자이면 어느 위치에 있더라도 같은 수를 나타냅니다.

$$𝟿𝟿∩∩∩|| = ∩∩∩||𝟿𝟿 = ||∩∩∩𝟿𝟿$$

232   232   232

그러나 아라비아 수와 바빌로니아 수는 같은 숫자라 하더라도 위치에 따라 나타내는 수가 다릅니다.

60 1   200 2
          232

0의 발견

고대 중국의 산가지는 같은 숫자라 하더라도 위치에 따라 다른 수를 나타내었습니다.
그러나 0을 나타내는 숫자가 없었기 때문에 자리를 비워서 나타내었습니다.

4 0 8   2 0 6 0

인류 최초로 0을 사용한 사람들은 **3000**년 전 고대 마야인들입니다.

산가지 수

고대 중국에서는 산가지를 사용하여 수를 나타내고 계산하였습니다. 산가지는 우리나라에도 전래되어 조선시대까지 사용되었다고 합니다. 다음은 산가지로 수를 나타낸 것입니다.

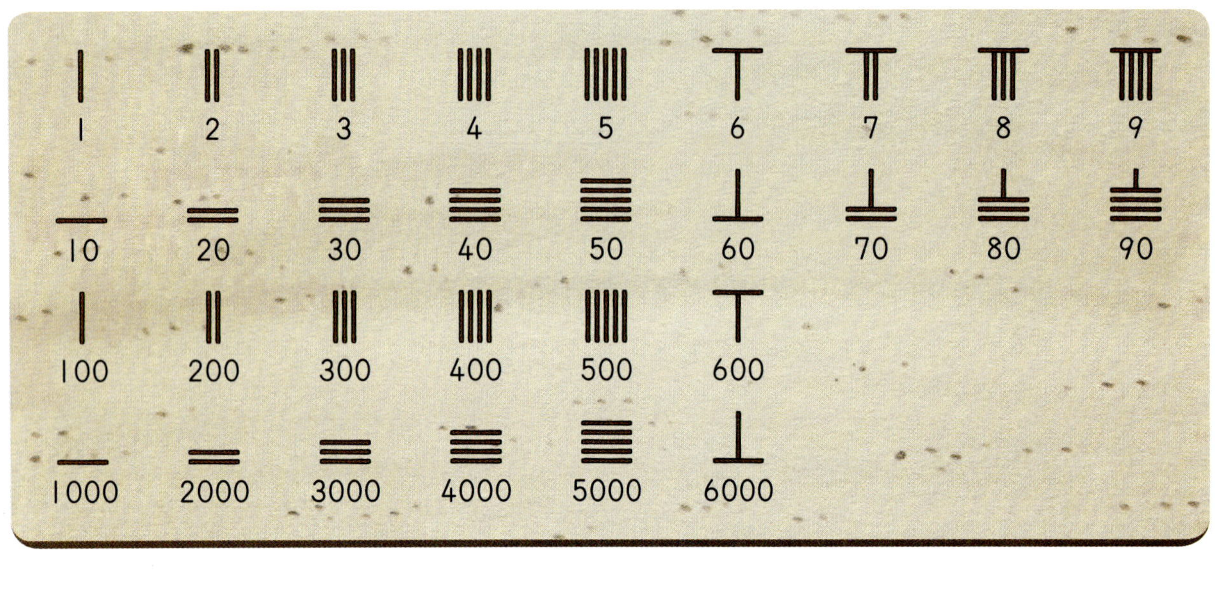

다음은 산가지를 사용하여 세 자리 수를 나타낸 것입니다. 산가지로 나타낸 수는 아라비아 수로, 아라비아 수는 산가지 수로 바꾸어 나타내시오.

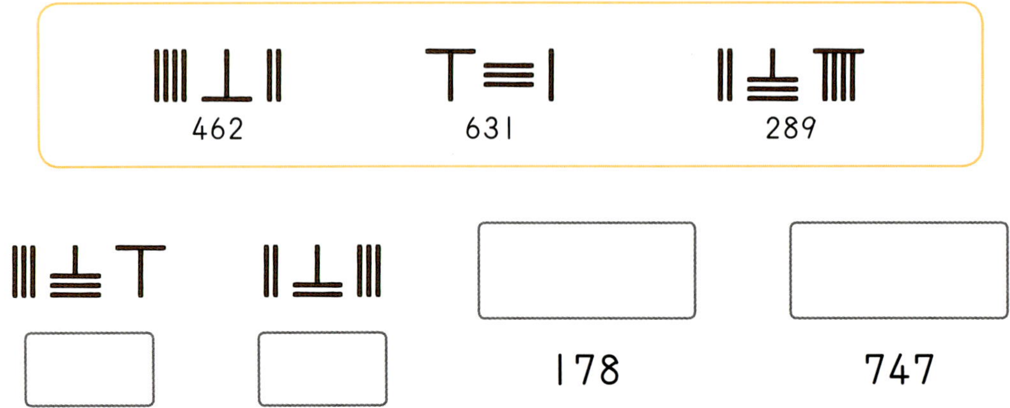

1 산가지로 수를 나타낼 때 홀수 번째 자리(일의 자리, 백의 자리, 만의 자리)는 세로로 숫자를 쓰고, 짝수 번째 자리(십의 자리, 천의 자리, 십만의 자리)는 가로로 숫자를 썼습니다.

자릿값	만	천	백	십	일	수
산가지 수	‖	≡	⊤	⊥	‖	‖≡⊤⊥‖
아라비아 수	2	3	7	6	2	23762

다음 산가지 수를 아라비아 수로, 아라비아 수를 산가지 수로 나타내어 보시오.

❶

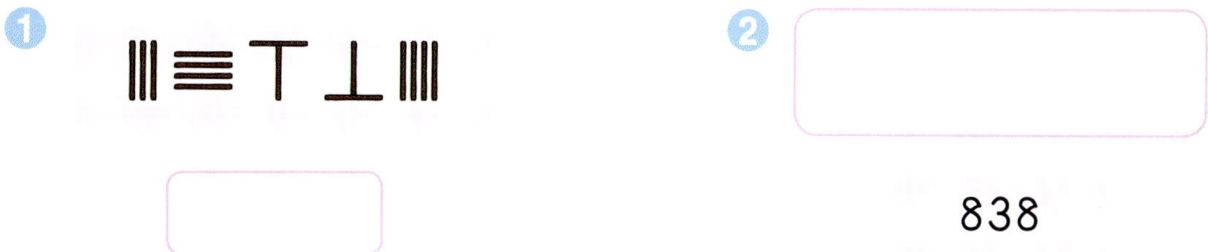

❷

838

2 고대 중국에서는 0이 없었기 때문에 0 대신 자리를 비워서 표시하였습니다. 다음 산가지 수를 아라비아 수로 나타내시오. (단, 빈 자리는 하나의 숫자라고 생각합니다.)

❶   ⫴ ⫸   ➡

❷   ≡ ⊥   ➡

마야의 수

고대 마야인들은 •, ——, (조개모양)의 세 가지 모양으로 수를 나타내었습니다. 마야의 수를 알아 봅시다.

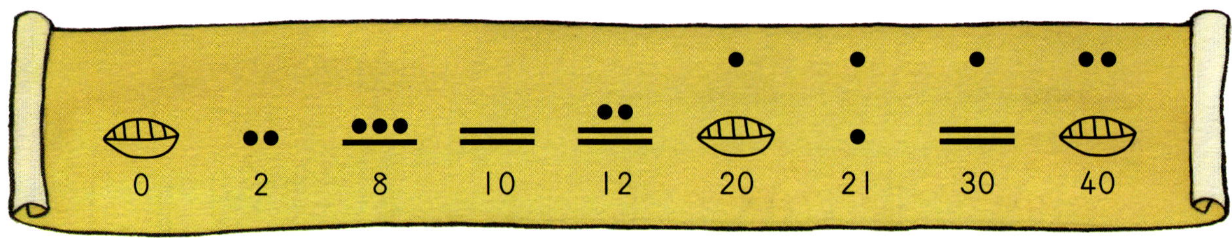

❶ 다음은 2, 8, 10을 마야의 수로 나타낸 것입니다.

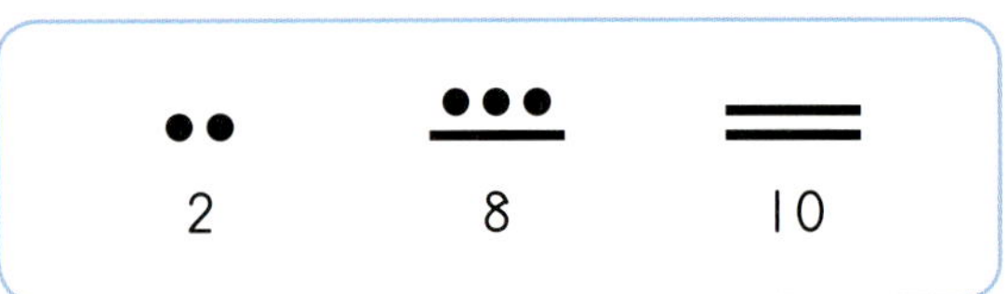

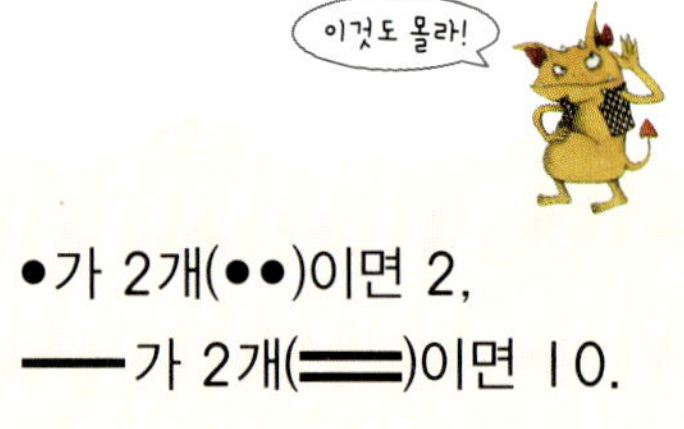

위의 수에서 •와 ——가 나타내는 수는 각각 얼마인지 차례로 쓰시오.

❷ 고대 마야의 수는 큰 수를 쓸 때 세로로 써내려갔다고 합니다.

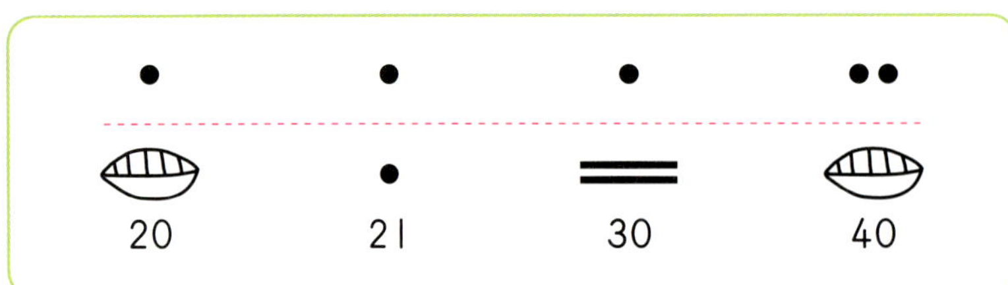

위의 •와 아래의 •가 나타내는 수는 각각 얼마입니까?

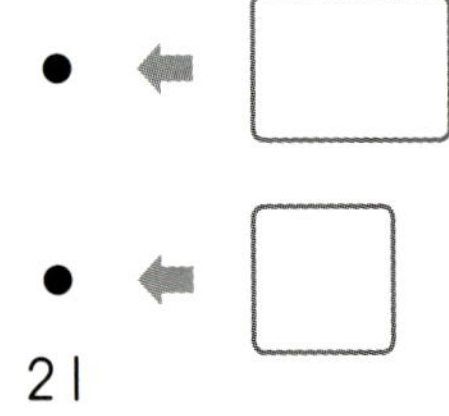

1 3000년 전 고대 마야인들은 인류 최초로 0을 사용하였습니다. ☐ 안에 마야인의 수
를 알맞게 써넣으시오.

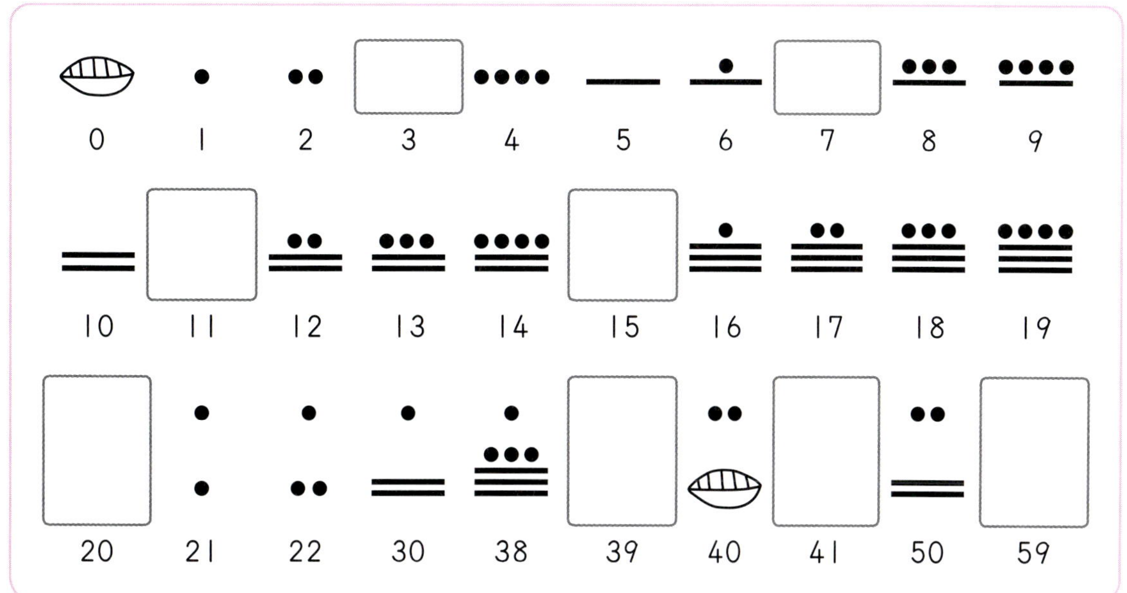

2 다음 계산 결과를 마야의 수로 써넣으시오.

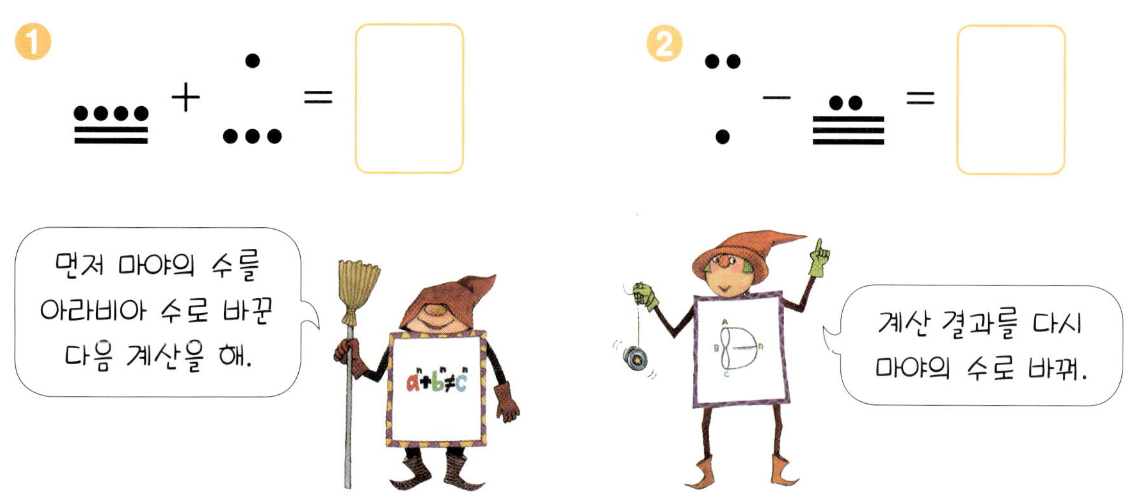

2 수 나타내기

대마왕이 꼬마 요괴 2명에게 지시를 합니다.

○○○○○
●●●●●

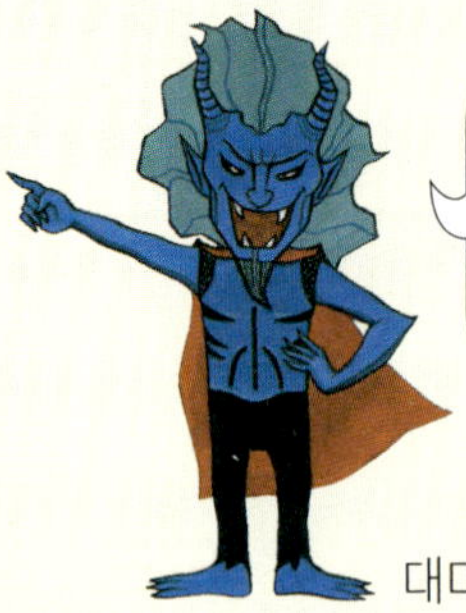

대마왕

우리의 비밀이 자꾸 새어 나간단 말이야.
이제부터 너희들은 숫자를 쓰지 말고
이 바둑돌로 다음과 같이 수를 나타내어라.

○○○○●	○○○●○	○○○●●	○○●○○
1	2	3	4
○○●○●	○●○○○	○●○●○	●○○○●
5	8	10	17

나는 오늘 오전 ○●○●● 시에 마법 수업이 있어.

산만해 요괴

잘난척 요괴

내 요술 방망이의 무게는 ●○○●○ kg이야.

검은색 바둑돌의 위치에 따라 나타내는 값이 다릅니다. 검은색 바둑돌 하나가 나타내는 수를 각각 구해 ◯ 안에 써넣으시오.

◯ ◯ ◯ ② ①

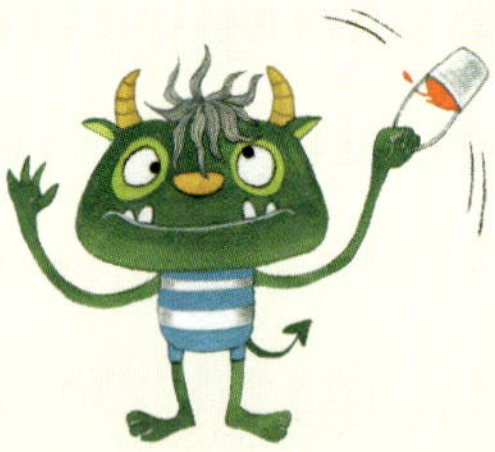

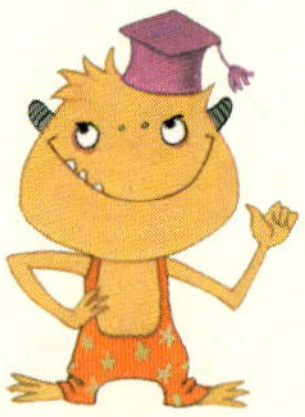

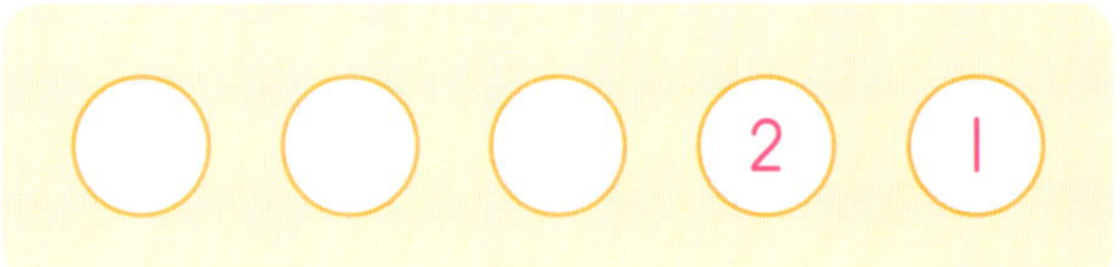

검은색 바둑돌이 2개 있으면 각 바둑돌이 나타내는 수의 합이 실제로 나타내는 수가 됩니다. 다음 바둑돌이 나타내는 수를 구하시오.

○○●●○	○●●○○	●●○○○
□	□	□

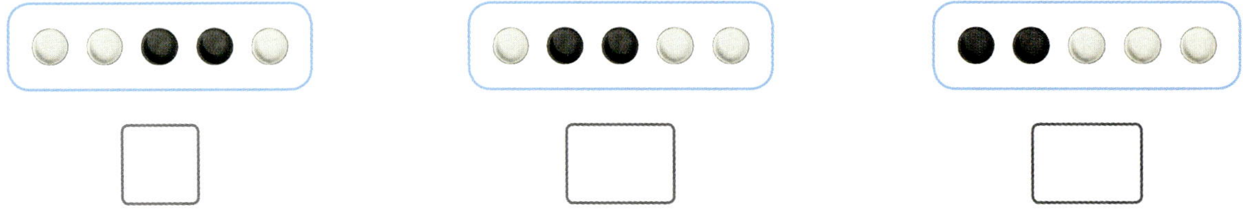

산만해 요괴와 잘난척 요괴가 나타낸 수를 ☐ 안에 써넣으시오.

⚫⚫⚫⚫⚫ ☐ 시   ⚫⚫⚫⚫⚫ ☐ kg

그림을 보고 다른 꼬마 요괴들이 말하는 수를 색칠하여 나타내시오.

모양으로 수를 나타낼 때는 같은 모양은 같은 수를, 다른 모양은 다른 수를 나타냅니다.
같은 모양이 여러 개 있으면 모양이 나타내는 수를 더합니다.

◆이 5, ▲이 1을 나타내면 ◆◆▲▲▲ 은 5+5+1+1+1=13을 나타냅니다.

모양의 위치로 수를 나타낼 때는 위치에 따라 모양이 나타내는 수가 다릅니다.
모양이 여러 위치에 표시되는 경우 위치에 따라 모양이 나타내는 수를 더합니다.

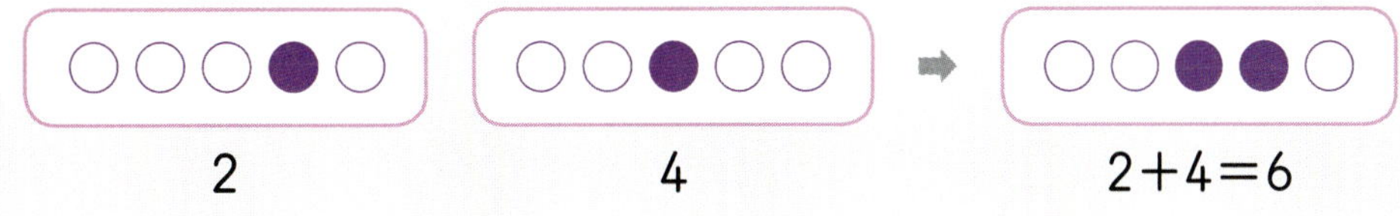

2   4   ➡   2+4=6

모양으로 나타낸 수

고대 스위스의 농부들은 다음과 같이 수를 나타내었습니다. 스위스 농부의 수를 알아봅시다.

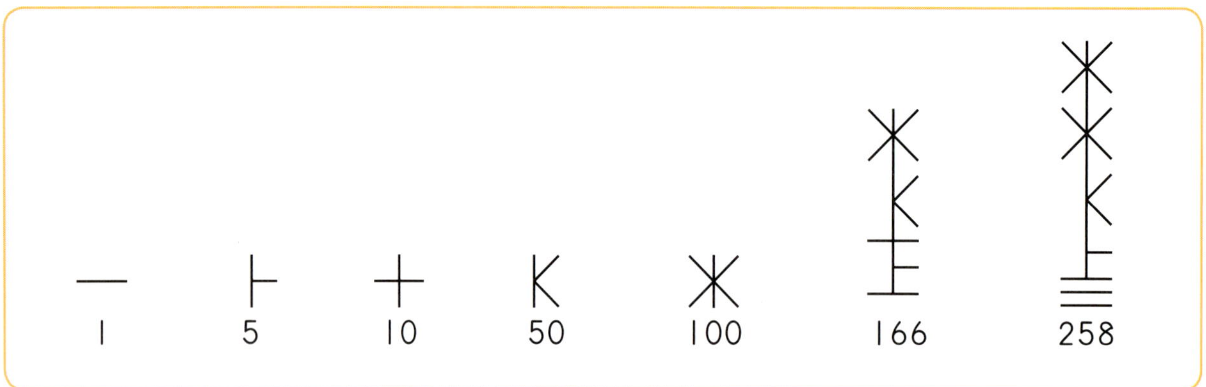

1 |에서 9까지의 수를 나타내었습니다. 규칙을 찾아 빈칸에 알맞게 그려 넣으시오.

1	2	3	4	5	6	7	8	9

2 10에서 90까지의 수를 10단위로 나타내었습니다. 빈칸에 알맞게 그려 넣으시오.

10	20	30	40	50	60	70	80	90

3 다음 모양이 나타내는 수를 ☐ 안에 써넣으시오.

[트럼프 수]

1 다음 그림에서 각 모양이 나타내는 수를 구하시오. (단, 같은 모양은 같은 수를, 다른 모양은 다른 수를 나타냅니다.)

♠ = ☐   ♣ = ☐   ♦ = ☐   ♥ = ☐

[스위스 농부의 수]

2 고대 스위스 농부들은 주어진 모양을 사용하여 큰 수를 위에서부터 쓰는 방법으로 수를 나타내었습니다. 다음 수를 스위스 농부의 수로 나타내시오.

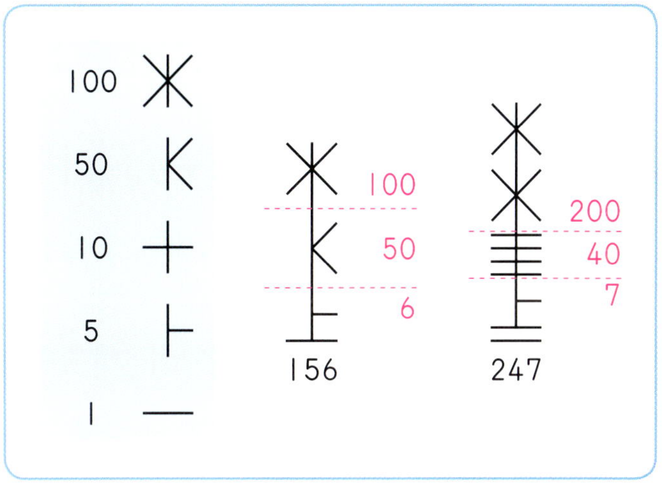

134   175   218

도형으로 수 나타내기

다음은 어떤 규칙에 따라 수를 그림으로 나타낸 것입니다.

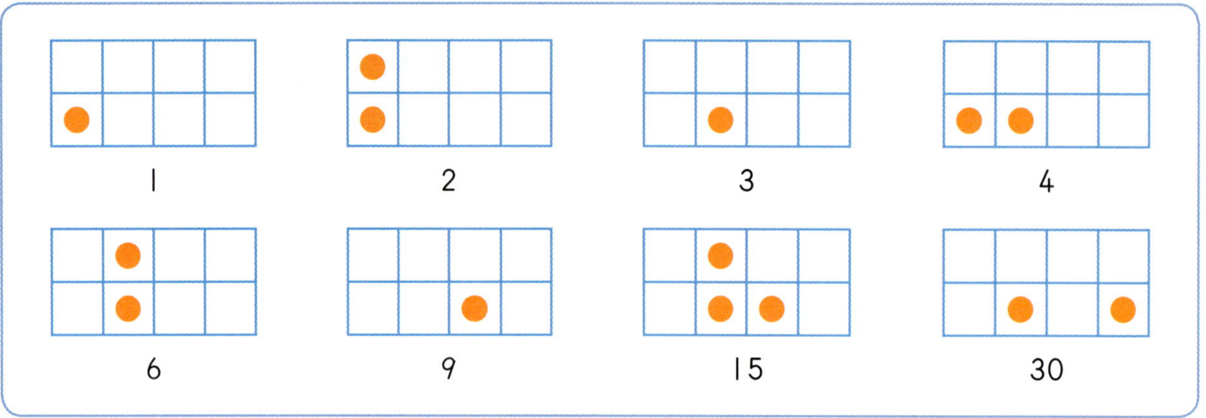

다음을 계산하여 그림으로 나타내어 봅시다.

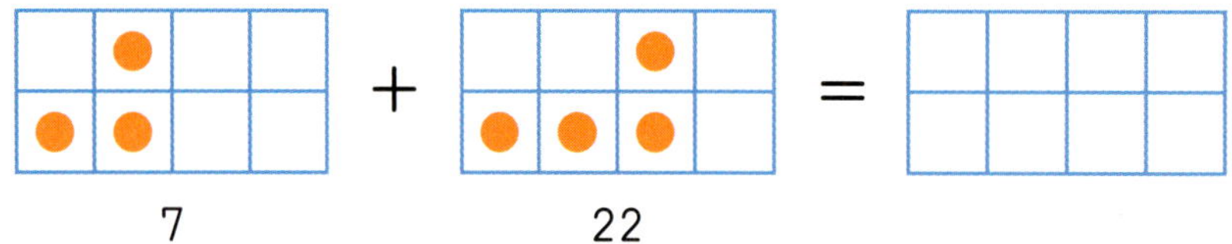

❶ 규칙에 따라 각 칸의 ●가 나타내는 수를 쓰시오.

❷ 다음 그림이 나타내는 수를 각각 구하고, 두 수의 덧셈을 하시오.

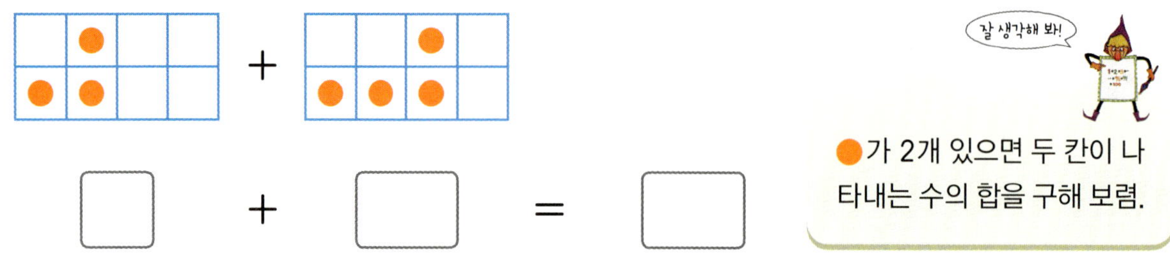

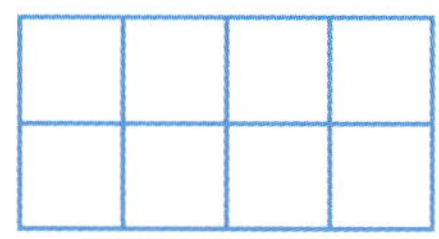

❸ ❷에서 나온 덧셈 결과를 그림으로 나타내시오.

1 그림과 같이 수를 나타내었습니다. 다음 그림이 나타내는 수를 ☐ 안에 써넣으시오.

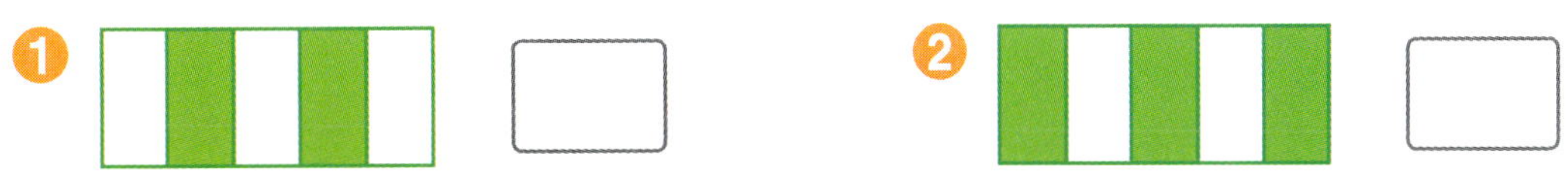

2 계단 모양으로 수를 나타낸 것입니다. 다음을 계산하여 그림으로 나타내시오.

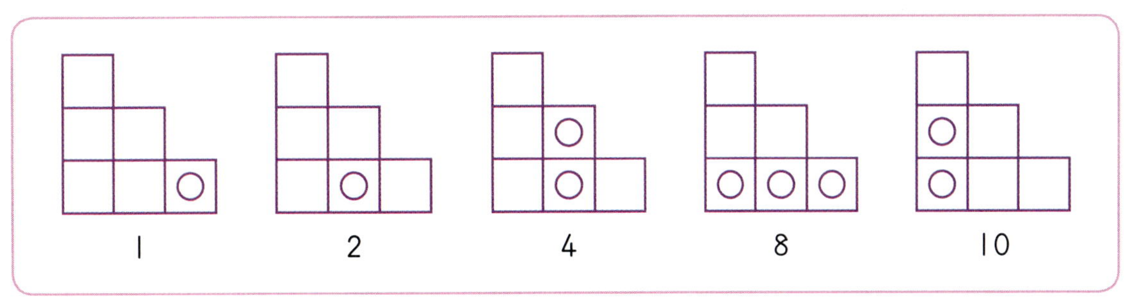

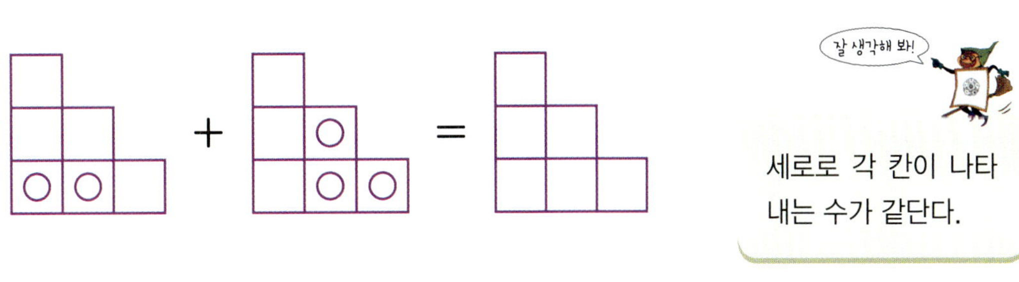

3 큰 수

대마왕이 부하 요괴들에게 발표를 하였습니다.

대마왕 　　　　　 딴소리 요괴

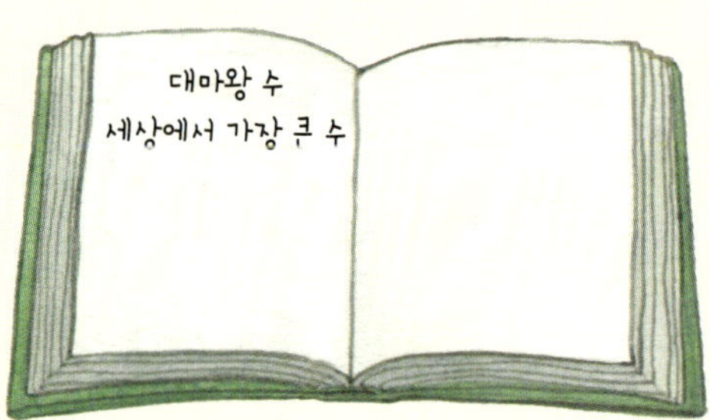

멀린 　　　　　 대마왕

멀린 　　　　　 태경

 다음은 큰 금액이 적힌 수표입니다. 금액을 읽어 보시오.

노크 포인트

큰 수를 읽을 때에는 숫자를 오른쪽부터 4개씩 나눈 다음, 각 자리에 만, 억, 조, 경……의 단위를 붙여서 읽습니다.

200006007004500 → 200조 60억 700만 4500 → 이백조 육십억 칠백만 사천오백
　조　　억　　만

1만의 0의 개수는 4개이고, 수의 단위가 커질 때마다 0이 4개씩 많아집니다.

수	1만	1억	1조	1경	……
0의 개수	4	8	12	16	……

수 글자 카드

수 글자 카드 5장이 있습니다. 이 수 글자 카드를 한 장씩 모두 사용하여 여러 가지 수를 만들었습니다. 수가 되는 것은 숫자를 이용하여 쓰고, 수가 안 되는 것은 ✕표 하시오.

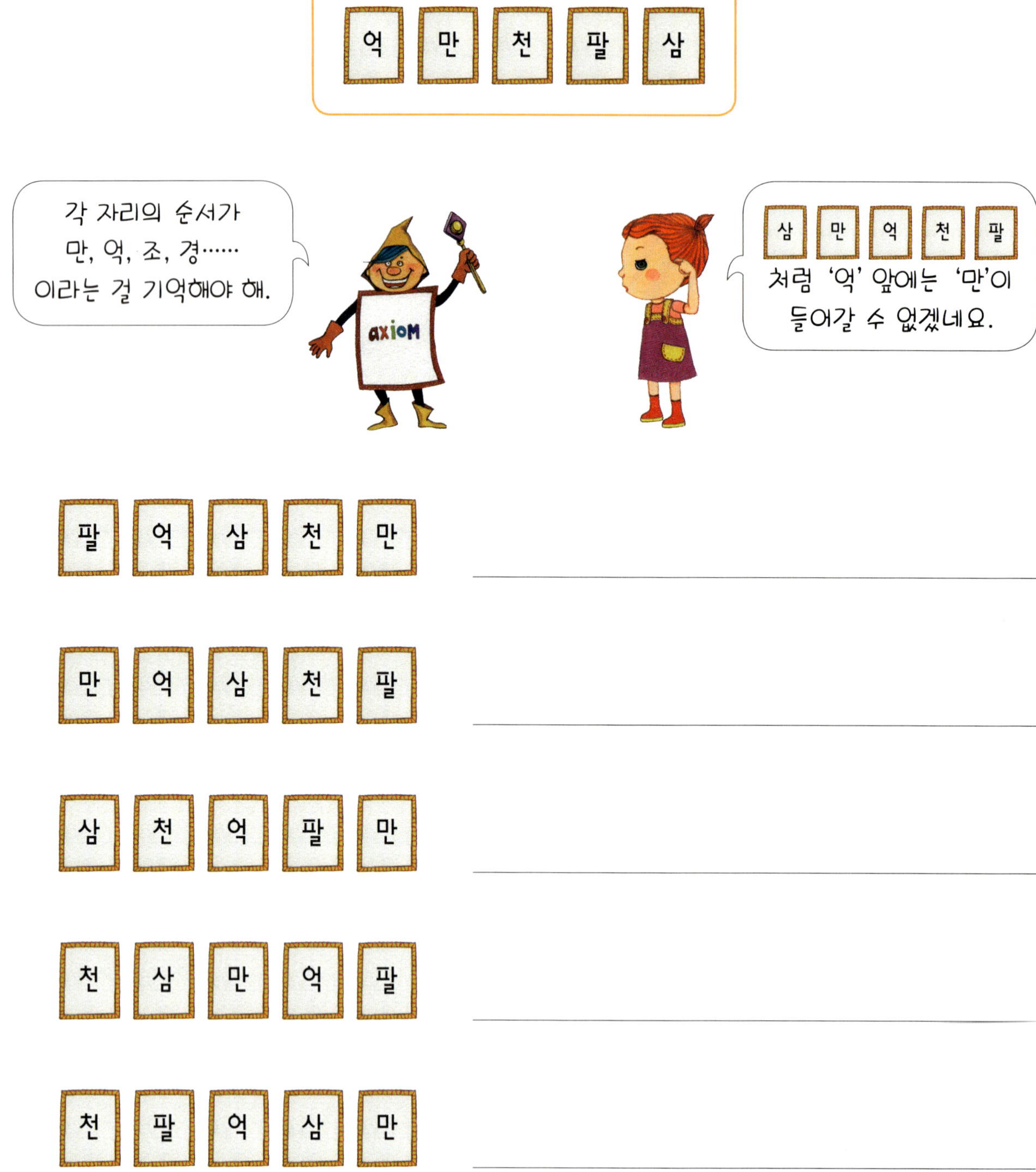

[글자로 만든 수]

1 다음은 수 글자 카드를 모두 한 번씩 사용하여 만든 여러 가지 수입니다. 만든 수를 숫자로 써 보시오.

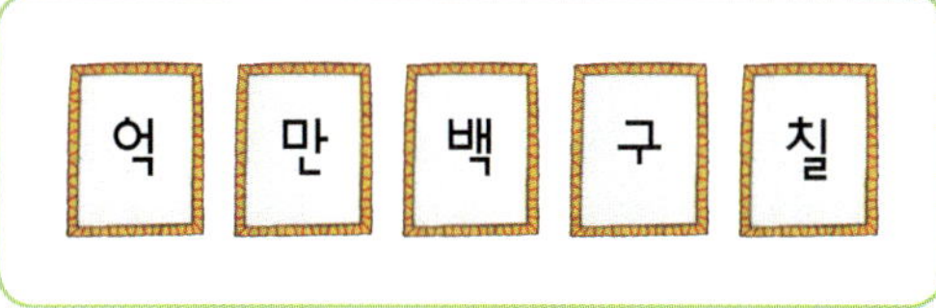

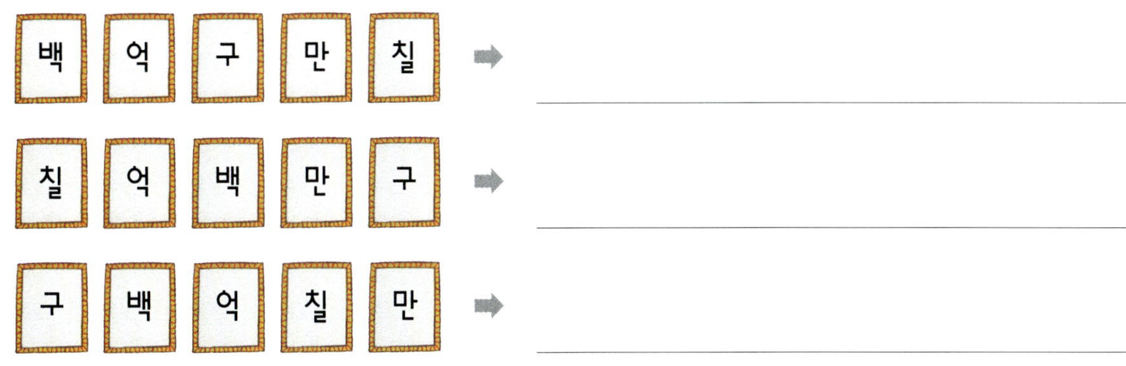

[0의 개수]

2 수 글자 카드로 만든 수의 0의 개수를 구하시오.

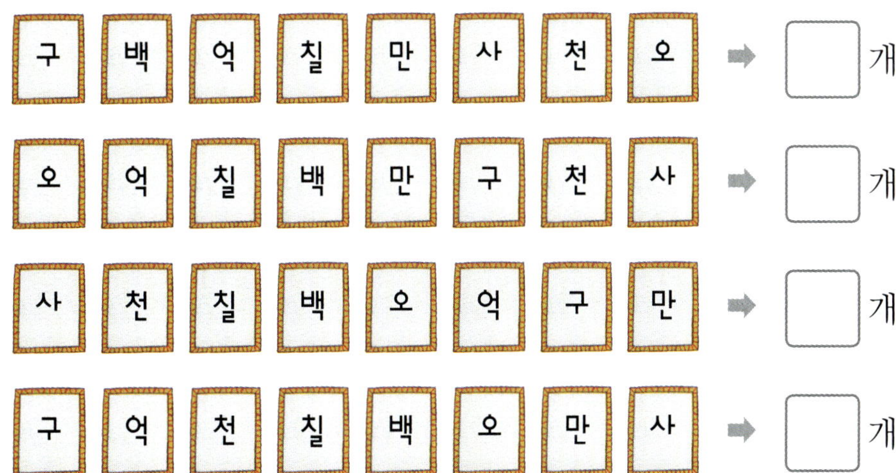

# 큰 수의 이름

중국에서 전래된 조선시대 수학책인 「산학계몽」에는 '경'보다 큰 수가 기록되어 있는데, 이 수는 고대 인도의 불경인 화염경에서 유래되었다고 합니다. '경'보다 큰 수 '무량대수'에 대해 알아봅시다.

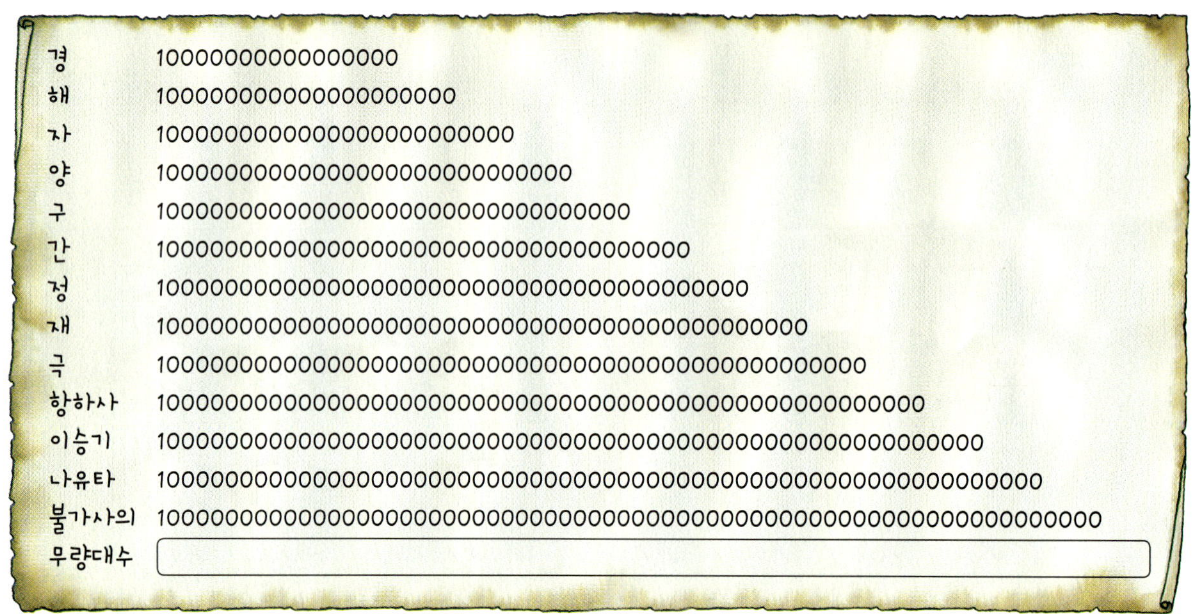

경	10000000000000000
해	10000000000000000000
자	100000000000000000000000
양	10000000000000000000000000000
구	100000000000000000000000000000000
간	10000000000000000000000000000000000000
정	1000000000000000000000000000000000000000000
재	1000000000000000000000000000000000000000000000000
극	1000000000000000000000000000000000000000000000000000000
항하사	1000000000000000000000000000000000000000000000000000000000000
이승기	10000000000000000000000000000000000000000000000000000000000000000000
나유타	1000000000000000000000000000000000000000000000000000000000000000000000000000
불가사의	100000000000000000000000000000000000000000000000000000000000000000000000000000000000
무량대수	

❶ 경의 0의 개수는 16개입니다. 해와 자의 0의 개수는 각각 몇 개입니까?

❷ 수의 단위가 커질 때마다 0이 몇 개씩 늘어납니까?

❸ 무량대수의 0의 개수를 알아보고, 1무량대수를 써 보시오.

1 [구골]

구골(Googol)은 1 뒤에 0이 백 개 있는 수로 미국의 수학자 에드워드 카스너의 조카가 이름 붙였다고 합니다. 인터넷 회사인 구글(Google)의 이름도 이 수에서 영감을 받아 지어졌습니다. 구골은 무량대수보다 0이 몇 개 더 많습니까?

구골은 무량대수보다 0이 몇 개 더 많은지 알아봐.

2 [단위]

모든 나라들이 공통으로 사용하고 있는 단위를 알아봅시다.

❶ 단위가 커질 때마다 0이 몇 개씩 늘어 납니까?

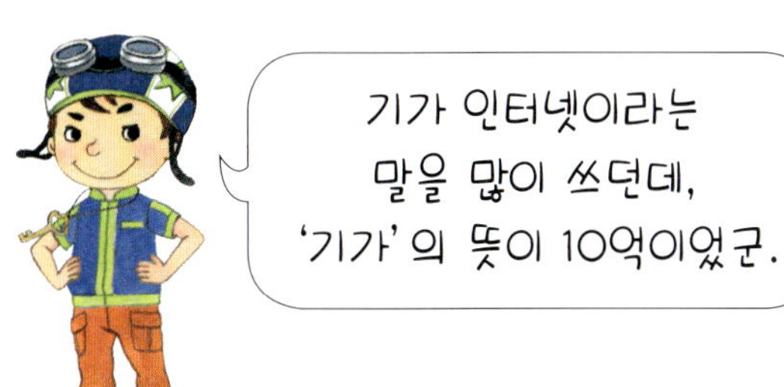

킬로	1000	k
메가	100만	M
기가	10억	G
테라	1조	T
페타	1000조	P
엑사	100경	E

❷ 헤르츠(Hz)는 주파수의 단위입니다. 1기가헤르츠(GHz)는 몇 메가헤르츠(MHz)입니까? 1기가헤르츠(GHz)는 몇 헤르츠(Hz)입니까? 밑줄 친 곳에 수로 나타내시오.

$$1\,\text{GHz} = \underline{\hspace{4cm}} \text{MHz}$$

$$1\,\text{GHz} = \underline{\hspace{6cm}} \text{Hz}$$

1 고대 이집트에서는 다음과 같이 수를 나타내었습니다.

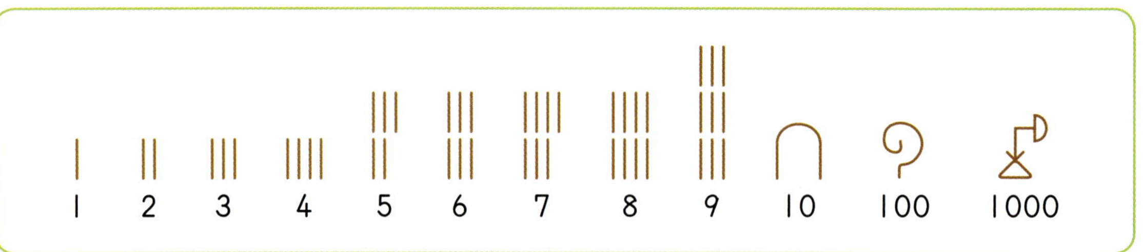

❶ 빈칸을 알맞게 채우시오.

162	209		412	

❷ 이집트 수를 여러 가지 수로 나타낸 것입니다. 빈칸을 알맞게 채우시오.

이집트의 수	아라비아 수	바빌로니아의 수	산가지 수
	62	∨ ∨∨	
			| = |||
		∨∨∨ ∢∢∢∢	

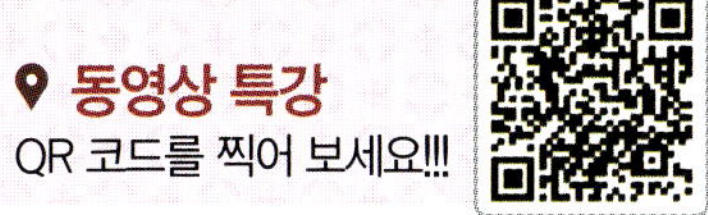

2 다음은 각 칸에 ✕표를 하여 수를 나타낸 것입니다. 계산 결과를 ✕표 하여 나타내시오.

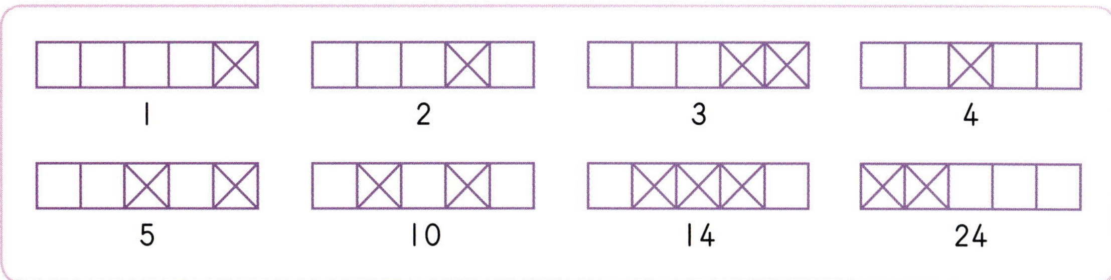

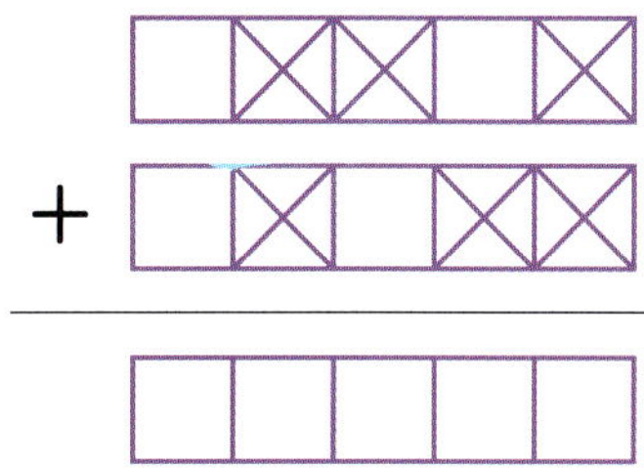

3 주어진 수 글자 카드를 한 번씩 모두 사용하여 만들 수 있는 가장 큰 수를 쓰고, 만든 수의 0의 개수를 구하시오.

수와 숫자

4 숫자의 개수

초이, 태경, 지오가 수와 숫자에 대해 토론을 합니다.

초이

태경

지오

꼬마 요괴들이 아이들의 토론에 끼어듭니다.

산만해 요괴

울보 요괴

아인이가 꼬마 요괴들에게 수와 숫자에 대해 설명합니다.

아인

다음과 같이 수를 차례로 쓸 때 수와 숫자의 개수를 각각 구하시오.

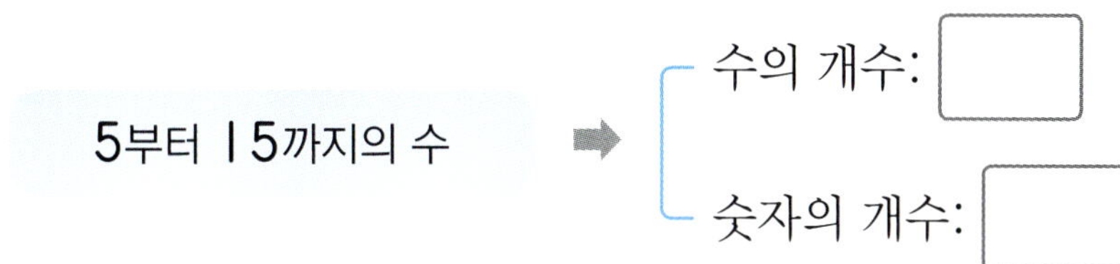

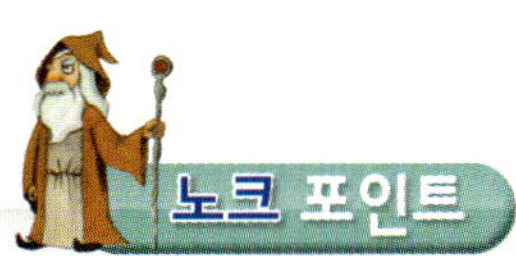

숫자는 0부터 9까지 오직 10개만 있습니다.
10개의 숫자와 자리의 원리를 이용하면 무수히 많은 수를 만들 수 있습니다.

한 자리 수는 1개의 숫자를 이용하여 하나의 수를 나타낸 것입니다.
→ (한 자리 수의 숫자의 개수)＝(한 자리 수의 개수)×1
두 자리 수는 2개의 숫자와 자리의 원리를 이용하여 하나의 수를 나타낸 것입니다.
→ (두 자리 수의 숫자의 개수)＝(두 자리 수의 개수)×2
세 자리 수는 3개의 숫자와 자리의 원리를 이용하여 하나의 수를 나타낸 것입니다.
→ (세 자리 수의 숫자의 개수)＝(세 자리 수의 개수)×3

마지막 쪽 번호

잠만자 요괴는 요술 마법책의 Ⅰ쪽부터 마지막 쪽까지 매겨진 쪽 번호의 숫자를 모두 세었습니다. 쪽 번호의 숫자가 모두 330개라고 할 때 마지막 쪽 번호를 알아봅시다.

❶ 한 자리 수의 숫자의 개수는 Ⅰ개, 두 자리 수의 숫자의 개수는 2개입니다. Ⅰ쪽부터 99쪽까지 사용된 숫자는 모두 몇 개입니까?

❷ 전체 사용된 숫자 330개 중 ❶에서 사용하고 남은 숫자는 몇 개입니까?

❸ ❷에서 구한 남은 숫자의 개수는 세 자리 수에 사용된 숫자의 개수입니다. 남은 숫자로 세 자리 수를 몇 개 만들 수 있습니까?

❹ 마법책의 마지막 쪽 번호를 구하시오.

1 지오는 책의 쪽수를 찍을 때 어떤 활자 인쇄기를 모두 141번 사용하였습니다. 이 활자 인쇄기는 한 번에 한 숫자만 찍을 수 있다고 할 때 이 책의 마지막 쪽수를 구하시오. (단, 이 책은 1쪽부터 시작합니다.)

2 어떤 인형 공장에서 0부터 9까지 10개의 숫자가 적힌 도장을 사용하여 제품 번호를 차례로 찍었습니다. 50번부터 시작하여 인형에 도장을 250번 찍은 후 잠시 쉬었습니다. 다음 인형에 찍을 번호는 몇 번입니까?

각 숫자의 개수

마라톤에 출전한 선수 100명의 등번호를 1번부터 순서대로 매깁니다.

등번호를 매길 때 필요한 숫자는 각각 몇 개인지 알아봅시다.

❶ 다음과 같이 한 자리 수에 0을 붙여서 0부터 99까지의 수를 두 자리 수 형식으로 나타내었습니다. 0부터 9까지 각 숫자는 몇 개씩 있습니까?

00	01	02	03	04	05	06	07	08	09
10	11	12	13	14	15	16	17	18	19
20	21	22	23	24	25	26	27	28	29
30	31	32	33	34	35	36	37	38	39
40	41	42	43	44	45	46	47	48	49
50	51	52	53	54	55	56	57	58	59
60	61	62	63	64	65	66	67	68	69
70	71	72	73	74	75	76	77	78	79
80	81	82	83	84	85	86	87	88	89
90	91	92	93	94	95	96	97	98	99

❷ ❶의 표에서 빨간색으로 표시된 0과 0번은 등번호에 필요없는 숫자이고, 100번 등번호를 추가로 만들어야 합니다. 등번호를 매길 때 필요한 숫자는 각각 몇 개씩입니까?

0: ☐ 개   1: ☐ 개   2~9: 각각 ☐ 개

[1의 개수]

1 다음과 같이 100부터 199까지의 수를 차례로 쓸 때, 숫자 1의 개수를 구하시오.

100101102103104……198199

[고장난 자판]

2 컴퓨터 자판으로 1부터 200까지의 수를 차례로 칠 때 자판이 고장나 숫자 2가 지워졌습니다. 지워진 숫자는 모두 몇 개입니까?

5 조건과 수

태경이가 자신이 좋아하는 수 1187에 대해 다음과 같이 설명합니다.

이 수는 11과 8과 7을 붙여 만든 네 자리 수야.
11은 평행선을 의미해서 "함께 나란히 앞을 보고 가자."라는 의미이고
8은 오뚜기 모양인데 "중심을 잃지 말자."는 뜻이야.
7은 물론 행운의 수!
중심을 잃지 않고 함께 앞을 향해 꾸준히 나아가면 행운이 온다고 하는 거지.

조건에 알맞은 수를 찾아 선으로 이으시오.

5000보다 큰 네 자리 수입니다.	1252
같은 숫자 2개가 연속하여 붙어 있습니다.	4034
각 자리 숫자의 합이 10입니다.	6125
백의 자리 숫자가 0입니다.	3441

다음 조건에 맞는 수의 개수를 구하시오.

5000보다 크고 6000보다 작은 네 자리 수	➡ ☐ 개
같은 숫자 4개로 이루어진 네 자리 수	➡ ☐ 개
각 자리 숫자의 합이 2인 네 자리 수	➡ ☐ 개
천의 자리 숫자가 9, 일의 자리 숫자가 9인 네 자리 수	➡ ☐ 개

노크 포인트

시작과 끝이 주어진 수의 개수는 (끝수)-(시작수)+1입니다.
5001부터 5999까지 수의 개수는 5999-5001+1=999(개)입니다.

특정 숫자가 들어가는 수의 개수는 각 자리 수별로 특정 숫자가 들어가는 수의 개수를 모두 더한 다음 특정 숫자가 동시에 들어가는 수의 개수를 빼어 구합니다.
두 자리 수 중에서 숫자 2가 들어가는 수를 구하면
일의 자리에 숫자 2가 들어가는 수는 12, 22, 32, 42……92로 9개,
십의 자리에 숫자 2가 들어가는 수는 20, 21, 22, 23……29로 10개,
동시에 2가 들어가는 수는 22로 1개.
→ 숫자 2가 들어가는 두 자리 수는 모두 9+10-1=18(개)입니다.

각 자리 조건에 맞는 수의 개수를 구할 때에는 각 자리에 올 수 있는 숫자의 개수를 곱하여 구합니다.
단, 가장 높은 자리에 0이 올 수 없다는 것에 주의합니다.

어떤 숫자가 들어 있는 수

|부터 |00까지의 수가 적힌 수 카드가 있습니다. 이 카드 중에서 숫자 7이 들어 있는 카드는 모두 버린다고 할 때 버리고 남은 카드의 수를 알아봅시다.

❶ |부터 |00까지의 수 중 일의 자리에 7이 들어가는 수를 모두 쓰고, 개수를 구하시오.

개

❷ 십의 자리에 7이 들어가는 수를 모두 쓰고, 개수를 구하시오.

개

❸ 일의 자리와 십의 자리에 동시에 7이 들어가는 수를 모두 쓰시오. 몇 개입니까?

개

❹ |부터 |00까지의 수 카드 중에서 숫자 7이 들어가는 카드를 모두 버리면 몇 장의 카드가 남게 됩니까?

1 |부터 |00까지의 수 중에서 숫자 2가 들어가는 수는 모두 몇 개입니까?

|부터 |00까지 세 자리 수
에 숫자 2가 들어간 수가 없
다는 걸 알리가 없어.

[어떤 숫자가 들어 있지 않은 수]

2 |부터 299까지의 수 중에서 숫자 2가 들어가지 않는 수의 개수를 구하시오.

숫자 2가 들어가는 수의 개
수를 구할 때에는 |부터
|99까지와 200부터 299
까지로 나누어서 생각해 봐.

조건과 수의 개수

오른쪽 조건 에 맞는 네 자리 수의
개수를 알아봅시다.

❶ 다음 각 자리에 올 수 있는 숫자와 그 개수를 쓰시오.

천의 자리	5,	개
백의 자리		개
십의 자리		개

❷ 다음은 천의 자리 숫자가 5일 때 조건 에 맞는 수를 나타낸 나뭇가지 그림의 일부입니다.

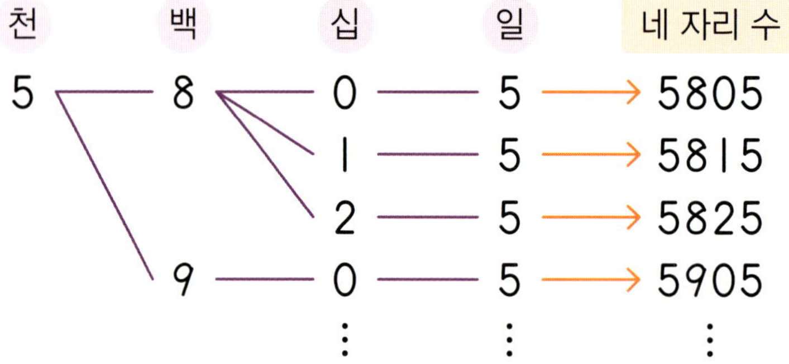

천의 자리 숫자가 5일 때 조건에 맞는 수는 모두 몇 개인지 곱셈식을 사용하여 구하시오.

백   십
$\boxed{2} \times \boxed{} = \boxed{}$ (개)

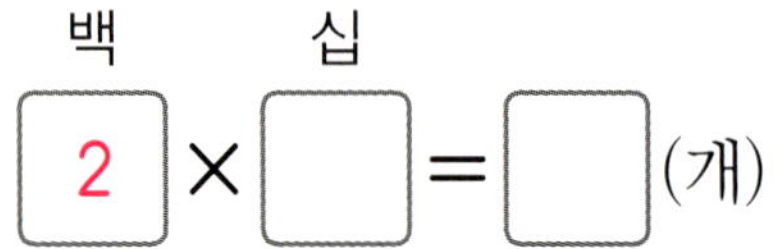

❸ 천의 자리에 올 수 있는 숫자의 개수는 3개입니다. 조건 에 맞는 수는 모두 몇 개입니까?

1 산만해 요괴는 4개의 고리에 0에서 9까지의 숫자가 있는 자물쇠를 가지고 있습니다. 다음은 산만해 요괴가 기억해 낸 비밀번호의 힌트입니다. 비밀번호의 힌트에 맞는 수 는 모두 몇 개입니까?

2 다음 조건 에 맞는 네 자리 수의 개수를 구하시오.

조건

3000보다 작은 네 자리 수입니다.
십의 자리와 백의 자리 숫자가 같습니다.
일의 자리 숫자는 홀수입니다.

위의 숫자 카드로 1267부터 7621까지 여러 개의 수를 만들 수 있습니다. 다음을 보고 만들 수 있는 수의 개수를 구하시오.

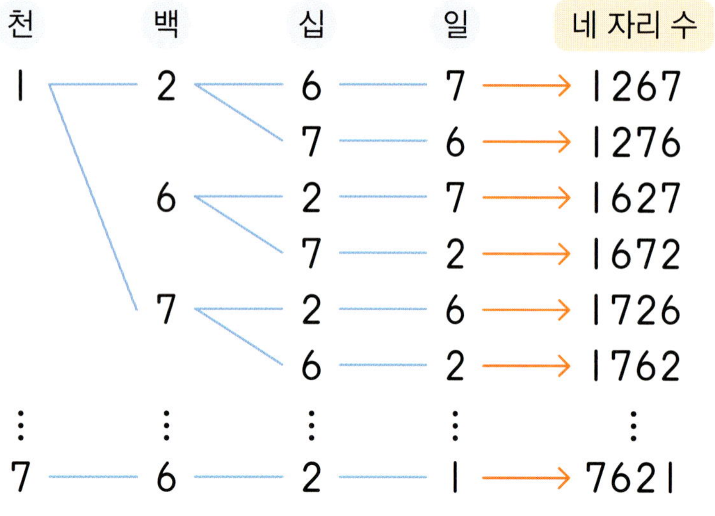

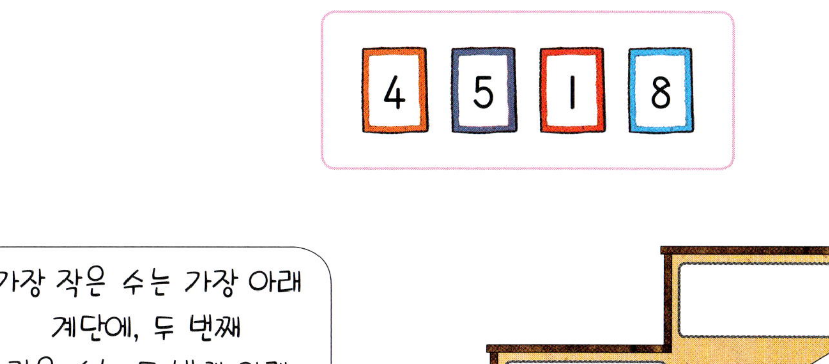

주어진 숫자 카드를 한 번씩 모두 사용하여 네 자리 수를 만듭니다. 만든 수를 작은 수부터 차례로 적어 수 계단을 만들고, 만들 수 있는 수의 개수를 구하시오.

노크 포인트

숫자 카드 4장으로 큰 수, 작은 수 만들기

숫자 카드로 가장 큰 네 자리 수를 만들 때에는 큰 숫자부터 차례로 천, 백, 십, 일의 자리에 씁니다.
두 번째 큰 수는 가장 큰 수에서 십의 자리와 일의 자리 숫자를 서로 바꿉니다.

가장 작은 네 자리 수를 만들 때에는 가장 작은 숫자부터 차례로 천, 백, 십, 일의 자리에 씁니다.
두 번째 작은 수는 가장 작은 수에서 십의 자리와 일의 자리 숫자를 서로 바꿉니다.
단, 천의 자리에는 0이 들어갈 수 없습니다.

0이 아닌 서로 다른 4장의 숫자 카드로 만들 수 있는 네 자리 수의 개수는 각 자리에 들어갈 수 있는 숫자의 개수를 곱하여 구합니다.

자릿값	천	백	십	일
숫자의 개수	4	3	2	1

네 자리 수의 개수: $4 \times 3 \times 2 \times 1 = 24$(개)

0이 포함된 숫자 카드

다음 숫자 카드를 한 번씩 모두 사용하여 만들 수 있는 네 자리 수 중에서 4번째 큰 수와 4번째 작은 수의 차를 구해 봅시다.

❶ 만들 수 있는 수 중에서 가장 큰 수부터 차례로 쓰시오.

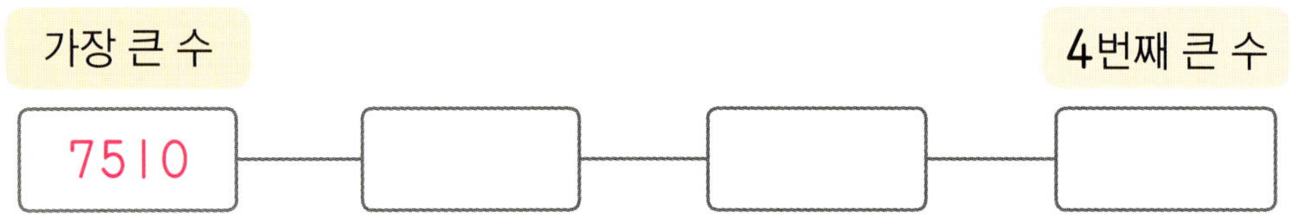

❷ 만들 수 있는 수 중에서 가장 작은 수부터 차례로 쓰시오.

❸ 4번째 큰 수와 4번째 작은 수의 차를 구하시오.

1 다음 숫자 카드를 한 번씩 모두 사용하여 네 자리 수를 만들 때 3번째로 큰 수와 3번째로 작은 수를 각각 구하시오.

$$\boxed{3}\ \boxed{2}\ \boxed{0}\ \boxed{5}$$

2 숫자 3, 0, 7, 4를 한 번씩 모두 사용하여 만들 수 있는 네 자리 수를 만들 때 3704는 작은 수부터 몇 번째 수입니까?

가장 작은 수부터 차례대로 써 봐.
3047 − 3074 − 3407 − ⋯⋯

같은 숫자가 포함된 숫자 카드

수학 요정이 들고 있는 숫자 카드를 보고 만들 수 있는 네 자리 수의 개수를 알아봅시다.

❶ 플라톤 요정의 숫자 카드에는 0이 하나 있습니다. 표를 완성하고 만들 수 있는 수의 개수를 구하시오.

자릿값	천	백	십	일
숫자의 개수	3			

네 자리 수의 개수: □ × □ × □ × □ = □ (개)

❷ 가우스 요정의 숫자 카드에는 0이 하나 있고 같은 숫자가 있습니다. 나뭇가지 그림을 완성하고 만들 수 있는 수의 개수를 구하시오.

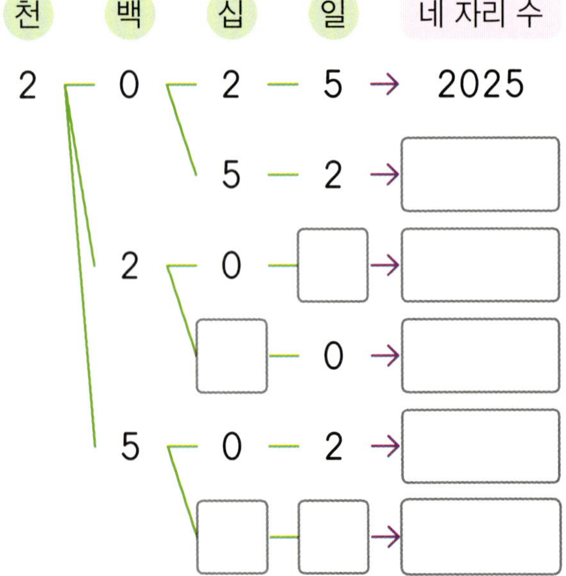

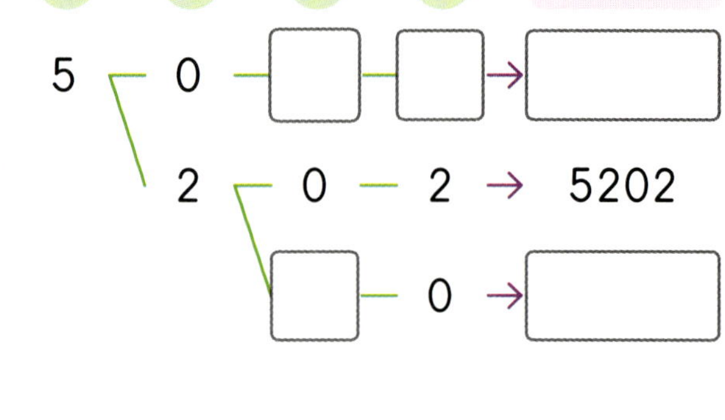

정답 및 해설

수

D1
(11~12세)

누구나 쉽고 재미있게
사고력
수학
누크

정답 및 해설

천재교육

수

D1
(11~12세)

천재교육

누구나 쉽고 재미있게
사고력 수학
노크

매일 마시는 스마트 교과서
milk T
천재교육이 만든 초등 전과목 스마트 학습

성적향상 공부 자신감
학습 응용력 공부 흥미
전과목 학습능력

정답 및 해설

수

Chapter 1   수 체계

① 고대의 수 체계

고대 바빌로니아에서는 다음과 같이 수를 나타내었습니다.

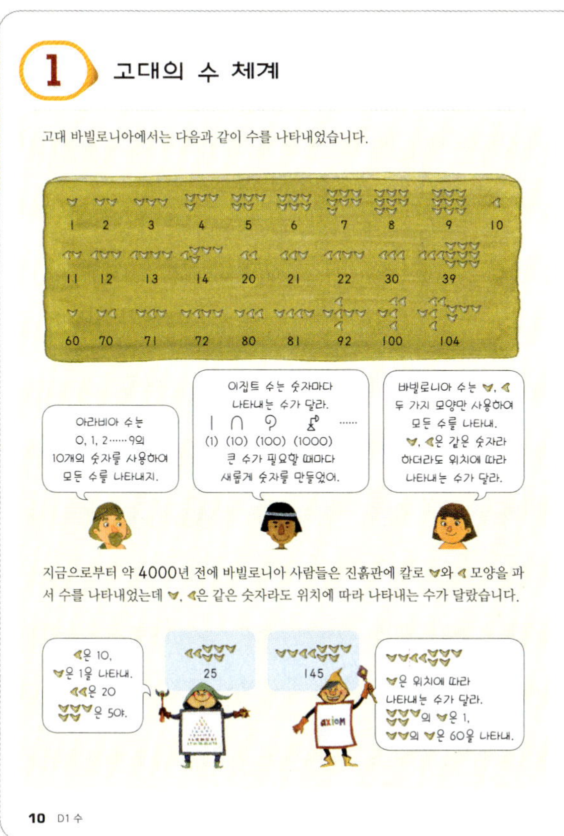

지금으로부터 약 4000년 전에 바빌로니아 사람들은 진흙판에 칼로 모양을 파서 수를 나타내었는데 은 같은 숫자라도 위치에 따라 나타내는 수가 달랐습니다.

고대 바빌로니아에서는 은 1, 은 10을 나타내지만 위치에 따라 은 60을 나타내기도 합니다.

다음 바빌로니아 수를 아라비아 수로 나타내시오.

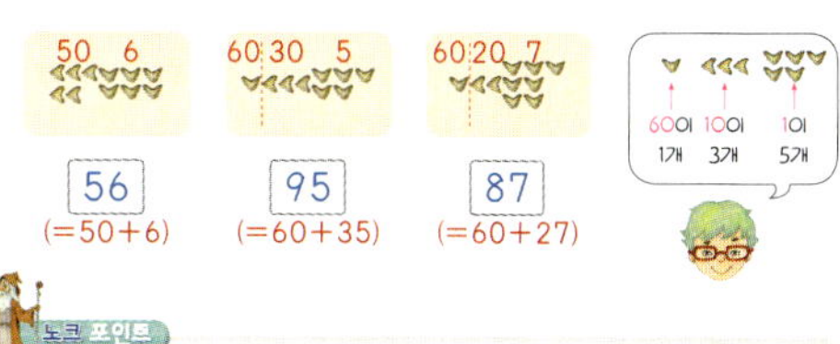

노크 포인트

위치가 다르면 다른 수

이집트 수는 같은 숫자이면 어느 위치에 있더라도 같은 수를 나타냅니다.

$$⨀⨀∩∩∩ⅠⅠ = ∩∩∩ⅠⅠ⨀⨀ = ⅠⅠ∩∩∩⨀⨀$$
$$232 \qquad 232 \qquad 232$$

그러나 아라비아 수와 바빌로니아 수는 같은 숫자라 하더라도 위치에 따라 나타내는 수가 다릅니다.

60 1   232   200 2

0의 발견

고대 중국의 산가지는 같은 숫자라 하더라도 위치에 따라 다른 수를 나타내었습니다. 그러나 0을 나타내는 숫자가 없었기 때문에 자리를 비워서 나타내었습니다.

$$Ⅲ\ Ⅲ \quad 4\ 0\ 8 \qquad = \perp \quad 2\ 0\ 6\ 0$$

인류 최초로 0을 사용한 사람들은 3000년 전 고대 마야인들입니다.

🛡 산가지 수

고대 중국에서는 산가지를 사용하여 수를 나타내고 계산하였습니다. 산가지는 우리나라에도 전래되어 조선시대까지 사용되었다고 합니다. 다음은 산가지로 수를 나타낸 것입니다.

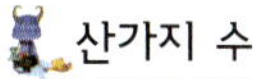

다음은 산가지를 사용하여 세 자리 수를 나타낸 것입니다. 산가지로 나타낸 수는 아라비아 수로, 아라비아 수는 산가지 수로 바꾸어 나타내시오.

[산가지의 자릿수]

1 산가지로 수를 나타낼 때 홀수 번째 자리(일의 자리, 백의 자리, 만의 자리)는 세로로 숫자를 쓰고, 짝수 번째 자리(십의 자리, 천의 자리, 십만의 자리)는 가로로 숫자를 썼습니다.

자릿값	만	천	백	십	일	수
산가지 수	‖	≡	⊤	⊥	‖	‖≡⊤⊥‖
아라비아 수	2	3	7	6	2	23762

다음 산가지 수를 아라비아 수로, 아라비아 수를 산가지 수로 나타내어 보시오.

① 만 천 백 십 일
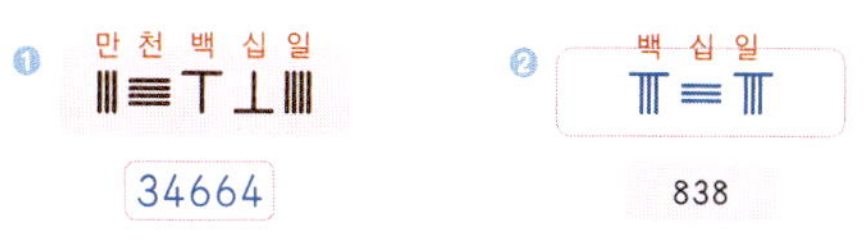

34664

② 백 십 일

838

[0이 없는 산가지 수]

2 고대 중국에서는 0이 없었기 때문에 0 대신 자리를 비워서 표시하였습니다. 다음 산가지 수를 아라비아 수로 나타내시오. (단, 빈 자리는 하나의 숫자라고 생각합니다.)

① 백 십 일 ➡ 309

② 천 백 십 일 ➡ 5070

🌮 마야의 수

고대 마야인들은 •, ——, 🐚의 세 가지 모양으로 수를 나타내었습니다. 마야의 수를 알아봅시다.

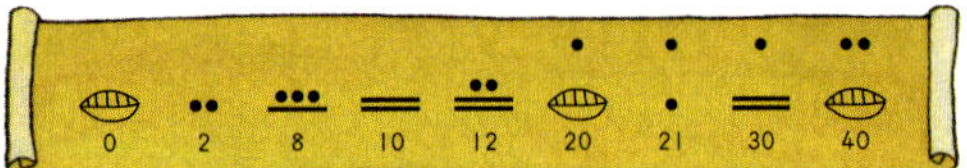

❶ 다음은 2, 8, 10을 마야의 수로 나타낸 것입니다.

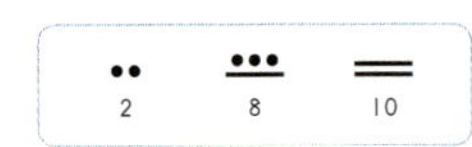

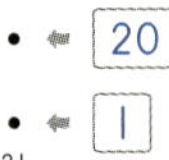

위의 수에서 •와 —— 가 나타내는 수는 각각 얼마인지 차례로 쓰시오. 1, 5

❷ 고대 마야의 수는 큰 수를 쓸 때 세로로 써내려갔다고 합니다.

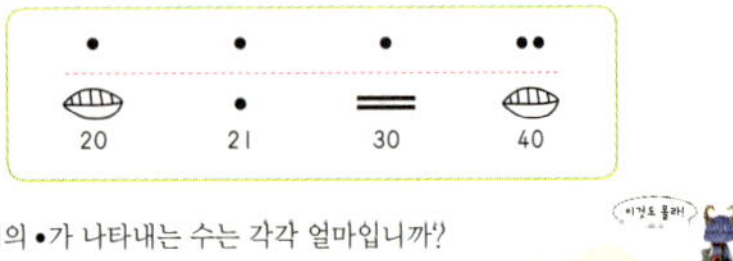

위의 •와 아래의 •가 나타내는 수는 각각 얼마입니까?

• ← 20

• ← 1
21

[고대 마야의 수]

1 3000년 전 고대 마야인들은 인류 최초로 0을 사용하였습니다. □ 안에 마야인의 수를 알맞게 써넣으시오.

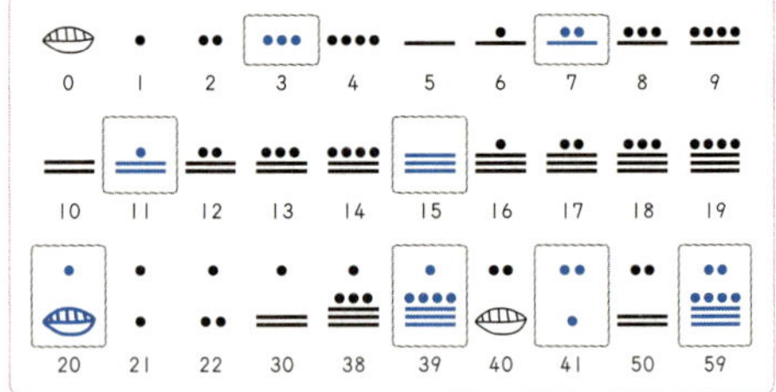

[마야 수의 계산]

2 다음 계산 결과를 마야의 수로 써넣으시오.

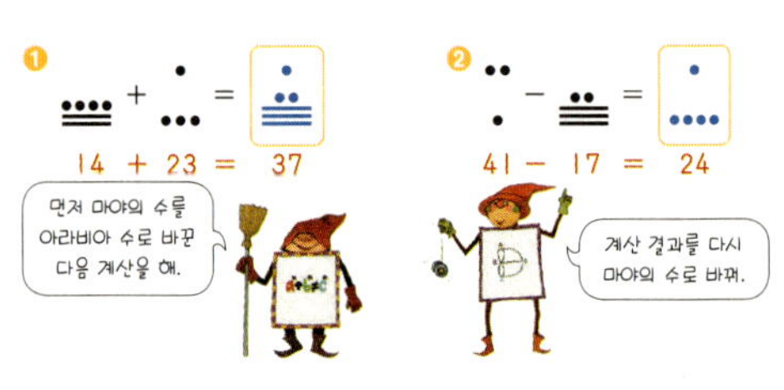

❶ 14 + 23 = 37

❷ 41 − 17 = 24

---

② 수 나타내기

대마왕이 꼬마 요괴 2명에게 지시를 합니다.

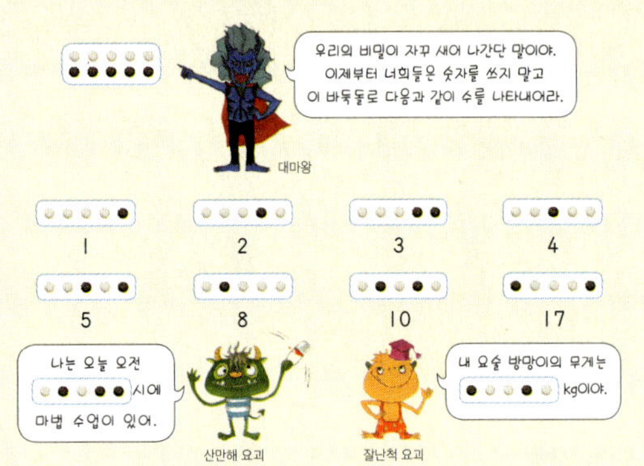

1   2   3   4
5   8   10   17

검은색 바둑돌의 위치에 따라 나타내는 값이 다릅니다. 검은색 바둑돌 하나가 나타내는 수를 각각 구해 ○ 안에 써넣으시오.

16   8   4   2   1

검은색 바둑돌이 2개 있으면 각 바둑돌이 나타내는 수의 합이 실제로 나타내는 수가 됩니다. 다음 바둑돌이 나타내는 수를 구하시오.

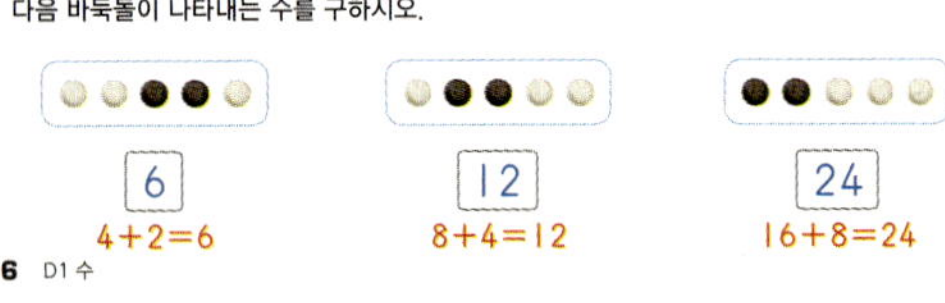

6   12   24
4+2=6   8+4=12   16+8=24

---

⑤ 산만해 요괴와 잘난척 요괴가 나타낸 수를 □ 안에 써넣으시오.

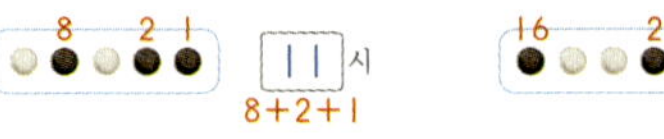

8 2 1 → 11 시
8+2+1

16 2 → 18 kg
16+2

⑥ 그림을 보고 다른 꼬마 요괴들이 말하는 수를 색칠하여 나타내시오.

8+1=9   4+2+1=7   16+2+1=19

🧙 노크 포인트

모양으로 수를 나타낼 때는 같은 모양은 같은 수를, 다른 모양은 다른 수를 나타냅니다.
같은 모양이 여러 개 있으면 모양이 나타내는 수를 더합니다.

◆이 5, ▲이 1을 나타내면 ◆◆◆▲▲ 은 5+5+1+1+1=13을 나타냅니다.

모양의 위치로 수를 나타낼 때는 위치에 따라 모양이 나타내는 수가 다릅니다.
모양이 여러 위치에 표시되는 경우 위치에 따라 모양이 나타내는 수를 더합니다.

2   4   ➡   2+4=6

정답 및 해설 **3**

🐿 모양으로 나타낸 수

고대 스위스의 농부들은 다음과 같이 수를 나타내었습니다. 스위스 농부의 수를 알아봅시다.

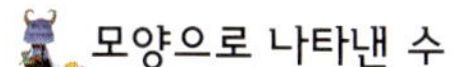

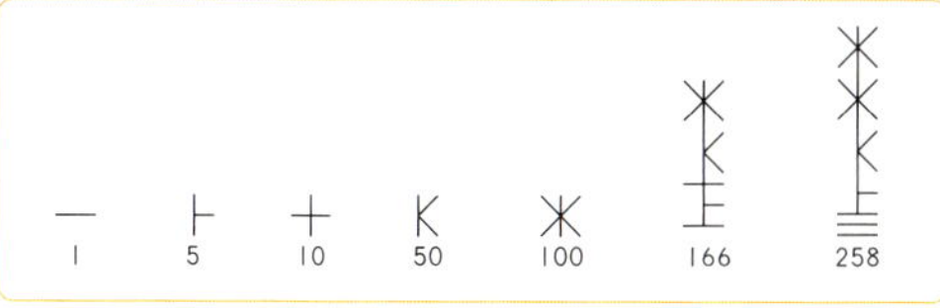

❶ 1에서 9까지의 수를 나타내었습니다. 규칙을 찾아 빈칸에 알맞게 그려 넣으시오.

─	=	≡	≣	十	土	土	土	土
1	2	3	4	5	6	7	8	9

❷ 10에서 90까지의 수를 10단위로 나타내었습니다. 빈칸에 알맞게 그려 넣으시오.

十	丰	丰	丰	K	K	K	K	K
10	20	30	40	50	60	70	80	90

❸ 다음 모양이 나타내는 수를 ☐ 안에 써넣으시오.

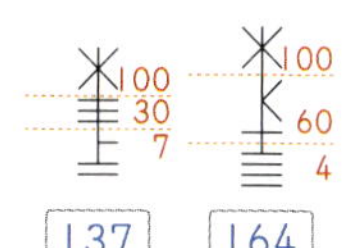

137   164

[트럼프 수]

1 다음 그림에서 각 모양이 나타내는 수를 구하시오. (단, 같은 모양은 같은 수를, 다른 모양은 다른 수를 나타냅니다.)

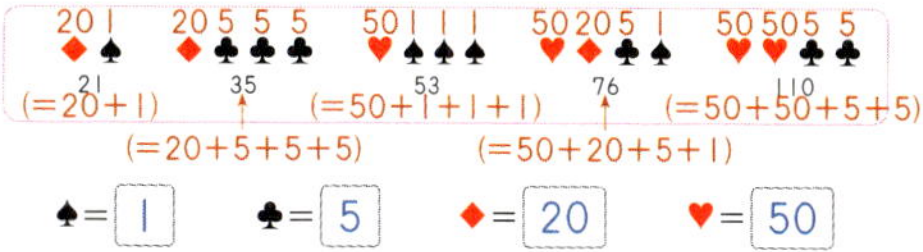

♠ = 1   ♣ = 5   ◆ = 20   ♥ = 50

[스위스 농부의 수]

2 고대 스위스 농부들은 주어진 모양을 사용하여 큰 수를 위에서부터 쓰는 방법으로 수를 나타내었습니다. 다음 수를 스위스 농부의 수로 나타내시오.

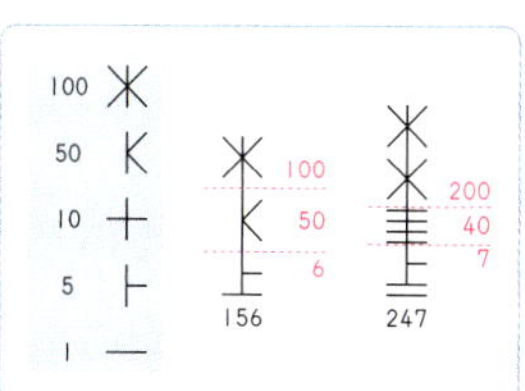

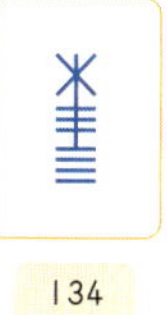   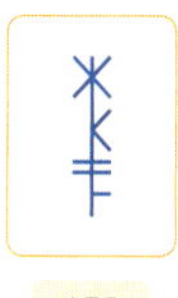   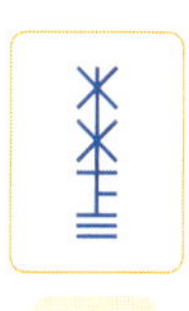

134   175   218

🐿 도형으로 수 나타내기

다음은 어떤 규칙에 따라 수를 그림으로 나타낸 것입니다.

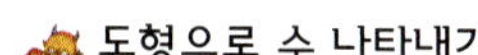

다음을 계산하여 그림으로 나타내어 봅시다.

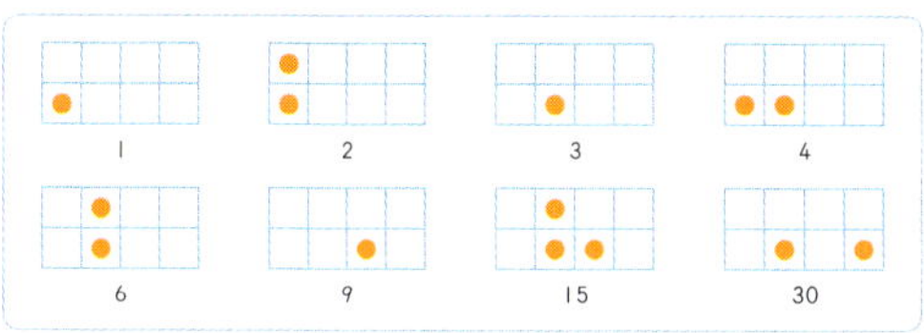

❶ 규칙에 따라 각 칸의 ●가 나타내는 수를 쓰시오.

1	3	9	27
1	3	9	27

❷ 다음 그림이 나타내는 수를 각각 구하고, 두 수의 덧셈을 하시오.

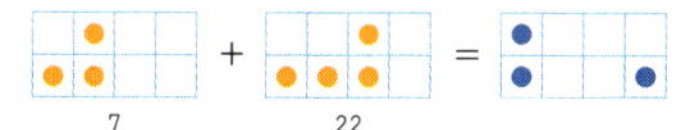

7   +   22   =   29
(=1+3+3)   (=1+3+9+9)

❸ ❷에서 나온 덧셈 결과를 그림으로 나타내시오.

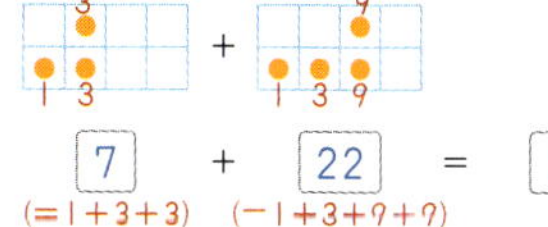

1+1+27=29

[바코드]

1 그림과 같이 수를 나타내었습니다. 다음 그림이 나타내는 수를 ☐ 안에 써넣으시오.

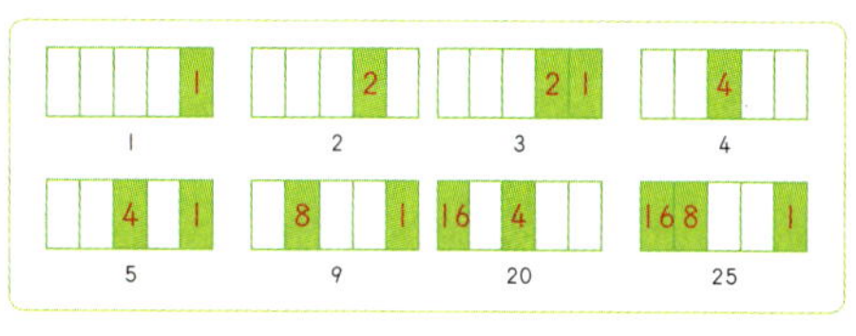

❶    10
(=8+2)

❷   21
(=16+4+1)

각 칸이 나타내는 수는 16 8 4 2 1 입니다.

[계단 수]

2 계단 모양으로 수를 나타낸 것입니다. 다음을 계산하여 그림으로 나타내시오.

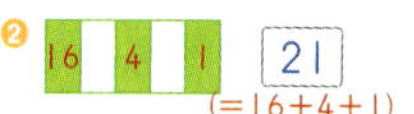

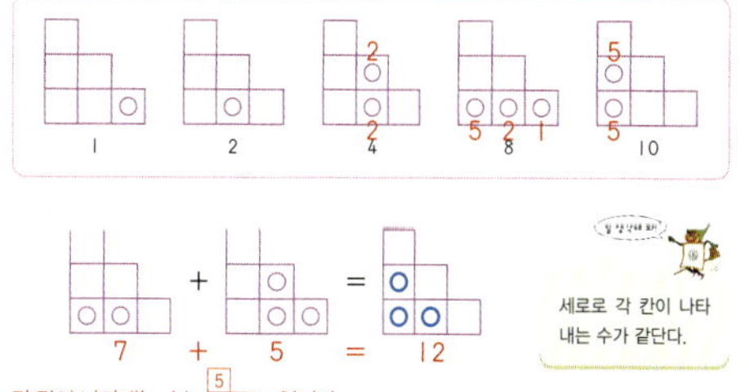

7   +   5   =   12

각 칸이 나타내는 수는 5 5 5 / 5 2 1 입니다.

---

③ 큰 수

다음은 큰 금액이 적힌 수표입니다. 금액을 읽어 보시오.

노크 포인트

큰 수를 읽을 때에는 숫자를 오른쪽부터 4개씩 나눈 다음, 각 자리에 만, 억, 조, 경……의 단위를 붙여서 읽습니다.

200 0060 0700 4500 → 200조 60억 700만 4500 → 이백조 육십억 칠백만 사천오백
　　　　　조　　　억　　　만

1만의 0의 개수는 4개이고, 수의 단위가 커질 때마다 0이 4개씩 많아집니다.

수	1만	1억	1조	1경	……
0의 개수	4	8	12	16	……

수 글자 카드

수 글자 카드 5장이 있습니다. 이 수 글자 카드를 한 장씩 모두 사용하여 여러 가지 수를 만들었습니다. 수가 되는 것은 숫자를 이용하여 쓰고, 수가 안 되는 것은 ╳표 하시오.

| 억 | 만 | 천 | 팔 | 삼 |

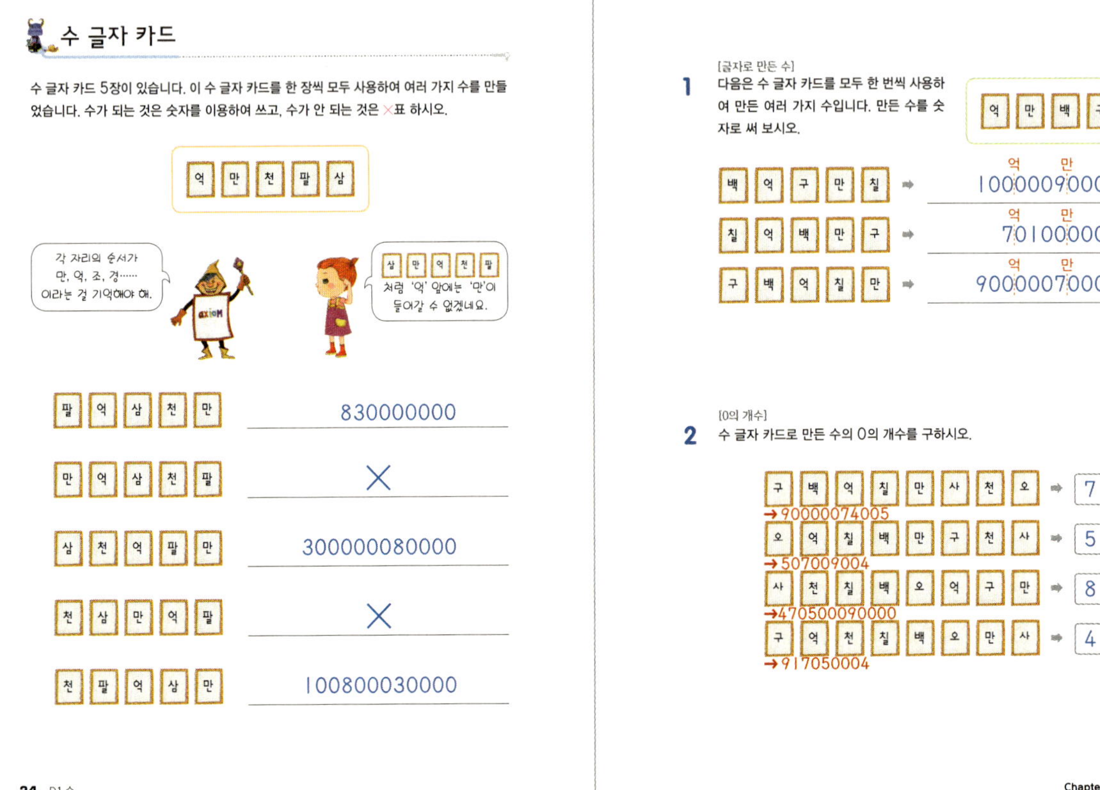

| 팔 | 억 | 삼 | 천 | 만 | 830000000 |

| 만 | 억 | 삼 | 천 | 팔 | ╳ |

| 삼 | 천 | 억 | 팔 | 만 | 300000080000 |

| 천 | 삼 | 만 | 억 | 팔 | ╳ |

| 천 | 팔 | 억 | 삼 | 만 | 100800030000 |

[글자로 만든 수]

1 다음은 수 글자 카드를 모두 한 번씩 사용하여 만든 여러 가지 수입니다. 만든 수를 숫자로 써 보시오.

| 억 | 만 | 백 | 구 | 칠 |

백	억	구	만	칠	⇒	억　　만 1000 0090007
칠	억	백	만	구	⇒	억　　만 7 0100 0009
구	백	억	칠	만	⇒	억　　만 9000 0070000

[0의 개수]

2 수 글자 카드로 만든 수의 0의 개수를 구하시오.

| 구 | 백 | 억 | 칠 | 만 | 사 | 천 | 오 | ⇒ | 7 개 |
→90000074005

| 오 | 억 | 칠 | 백 | 만 | 구 | 천 | 사 | ⇒ | 5 개 |
→507009004

| 사 | 천 | 칠 | 백 | 오 | 억 | 구 | 만 | ⇒ | 8 개 |
→470500090000

| 구 | 억 | 천 | 칠 | 백 | 오 | 만 | 사 | ⇒ | 4 개 |
→917050004

큰 수의 이름

26 · 27

중국에서 전래된 조선시대 수학책인 「산학계몽」에는 '경'보다 큰 수가 기록되어 있는데, 이 수는 고대 인도의 불경인 화엄경에서 유래되었다고 합니다. '경'보다 큰 수 '무량대수'에 대해 알아봅시다.

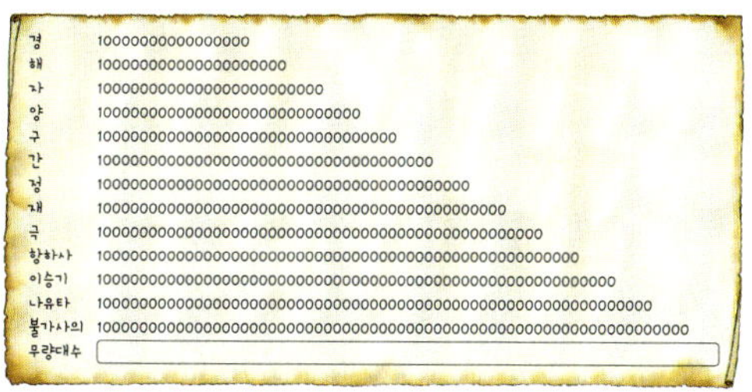

❶ 경의 0의 개수는 16개입니다. 해와 자의 0의 개수는 각각 몇 개입니까?   **20개, 24개**

❷ 수의 단위가 커질 때마다 0이 몇 개씩 늘어납니까?   **4개**

❸ 무량대수의 0의 개수를 알아보고, 1무량대수를 써 보시오.   **0이 68개**

100000000000000000000000000000000000000000000000000000000000000000000

'무량대수' 단위는 '경' 단위 다음에 13번째로 나오는 큰 수의 단위입니다.

  (무량대수의 0의 개수)=16+4×13=68(개)

---

1 구골(Googol)은 1 뒤에 0이 백 개 있는 수로 미국의 수학자 에드워드 카스너의 조카가 이름 붙였다고 합니다. 인터넷 회사인 구글(Google)의 이름도 이 수에서 영감을 받아 지어졌습니다. 구골은 무량대수보다 0이 몇 개 더 많습니까?   **32개**

무량대수는 1 다음에 0이 68개가 있는 수이고, 구골은 1 다음에 0이 100개 있는 수이므로, 구골은 무량대수보다 0이 100−68=32(개) 더 많습니다.

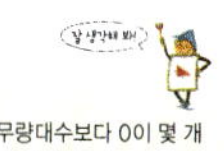

2 모든 나라들이 공통으로 사용하고 있는 단위를 알아봅시다.

❶ 단위가 커질 때마다 0이 몇 개씩 늘어납니까?   **3개**

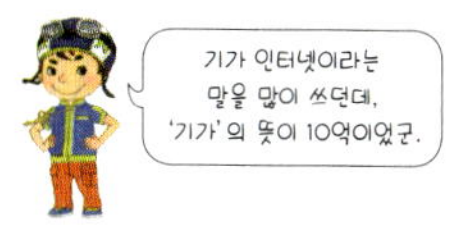

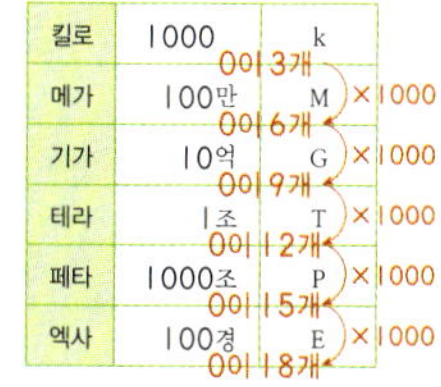

킬로	1000	k	
메가	100만	M	×1000
기가	10억	G	×1000
테라	1조	T	×1000
페타	1000조	P	×1000
엑사	100경	E	×1000

(0이 3개 / 0이 6개 / 0이 9개 / 0이 12개 / 0이 15개 / 0이 18개)

❷ 헤르츠(Hz)는 주파수의 단위입니다. 1기가헤르츠(GHz)는 몇 메가헤르츠(MHz)입니까? 1기가헤르츠(GHz)는 몇 헤르츠(Hz)입니까? 밑줄 친 곳에 수로 나타내시오.

0이 9개 → 1 GHz= **1000** MHz ← 0이 6개

1 GHz= **1000000000** Hz

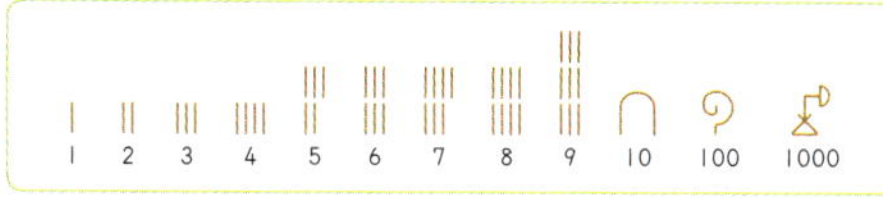 창의적 문제해결력

28 · 29

1 고대 이집트에서는 다음과 같이 수를 나타내었습니다.

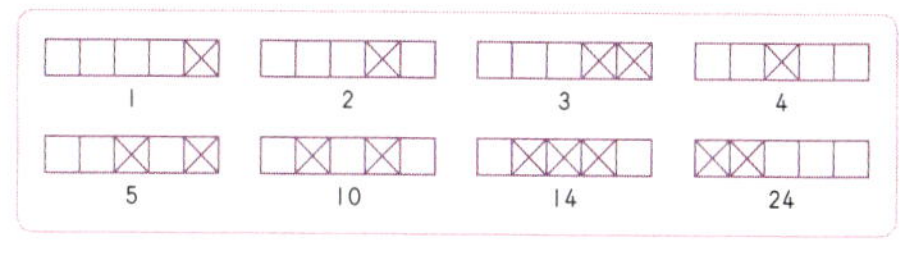

❶ 빈칸을 알맞게 채우시오.

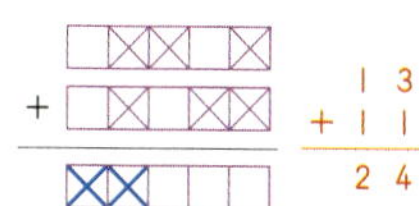

162	209	**370**	412	**908**

❷ 이집트 수를 여러 가지 수로 나타낸 것입니다. 빈칸을 알맞게 채우시오.

이집트의 수	아라비아 수	바빌로니아의 수	산가지 수
	62		
	123		
	206		

---

2 다음은 각 칸에 ×표를 하여 수를 나타낸 것입니다. 계산 결과를 ×표 하여 나타내시오.

(1 2 3 4 / 5 10 14 24)

```
  1 3
+ 1 1
-----
  2 4
```

×이 나타내는 수는 위치에 따라 16 8 4 2 1 과 같습니다.

3 주어진 수 글자 카드를 한 번씩 모두 사용하여 만들 수 있는 가장 큰 수를 쓰고, 만든 수의 0의 개수를 구하시오.

32 · 33

④ 숫자의 개수

초이, 태경, 지오가 수와 숫자에 대해 토론을 합니다.

꼬마 요괴들이 아이들의 토론에 끼어듭니다.

아인이가 꼬마 요괴들에게 수와 숫자에 대해 설명합니다.

다음과 같이 수를 차례로 쓸 때 수와 숫자의 개수를 각각 구하시오.

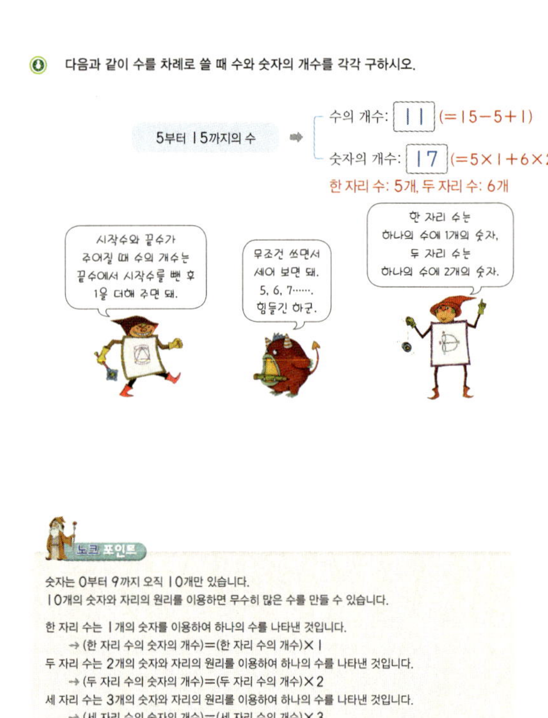

5부터 15까지의 수 ⇒ 수의 개수: 11 (=15-5+1)

숫자의 개수: 17 (=5×1+6×2)

한 자리 수: 5개, 두 자리 수: 6개

토론 포인트

숫자는 0부터 9까지 오직 10개만 있습니다.
10개의 숫자와 자리의 원리를 이용하면 무수히 많은 수를 만들 수 있습니다.

한 자리 수는 1개의 숫자를 이용하여 하나의 수를 나타낸 것입니다.
→ (한 자리 수의 숫자의 개수)=(한 자리 수의 개수)×1
두 자리 수는 2개의 숫자와 자리의 원리를 이용하여 하나의 수를 나타낸 것입니다.
→ (두 자리 수의 숫자의 개수)=(두 자리 수의 개수)×2
세 자리 수는 3개의 숫자와 자리의 원리를 이용하여 하나의 수를 나타낸 것입니다.
→ (세 자리 수의 숫자의 개수)=(세 자리 수의 개수)×3

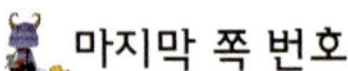 마지막 쪽 번호

34 · 35

잠만자 요괴는 요술 마법책의 1쪽부터 마지막 쪽까지 매겨진 쪽 번호의 숫자를 모두 세었습니다. 쪽 번호의 숫자가 모두 330개라고 할 때 마지막 쪽 번호를 알아봅시다.

❶ 한 자리 수의 숫자의 개수는 1개, 두 자리 수의 숫자의 개수는 2개입니다. 1쪽부터 99쪽까지 사용된 숫자는 모두 몇 개입니까? **189개**

한 자리 수는 1에서 9까지 모두 9개이고, 두 자리 수는 10에서 99까지 모두
99-10+1=90(개)입니다.
따라서 1쪽부터 99쪽까지 사용된 숫자는 모두 1×9+90×2=189(개)입니다.

❷ 전체 사용된 숫자 330개 중 ❶에서 사용하고 남은 숫자는 몇 개입니까? **141개**
330-189=141(개)

❸ ❷에서 구한 남은 숫자의 개수는 세 자리 수에 사용된 숫자의 개수입니다. 남은 숫자로 세 자리 수를 몇 개 만들 수 있습니까? **47개**
세 자리 수는 숫자 3개로 이루어진 수입니다.
141÷3=47(개)

❹ 마법책의 마지막 쪽 번호를 구하시오. **146**
마법책의 마지막 쪽 번호는 47번째 세 자리 수이므로 100+47-1=146(쪽)

[마지막 쪽 수]

1 지오는 책의 쪽수를 찍을 때 어떤 활자 인쇄기를 모두 141번 사용하였습니다. 이 활자 인쇄기는 한 번에 한 숫자만 찍을 수 있다고 할 때 이 책의 마지막 쪽수를 구하시오. (단, 이 책은 1쪽부터 시작합니다.) **75쪽**

한 자리 수는 9개(1~9)이므로 한 자리 수를 인쇄기로 찍은 횟수는 9번이고, 나머지 수를 찍는데 사용한 횟수는 141-9=132(번)입니다.
두 자리 수는 인쇄기로 2번씩 찍으므로 쪽수가 두 자리인 수는 모두 132÷2=66(개)입니다.
따라서 이 책의 마지막 쪽수는 10+66-1=75(쪽)입니다.

[제품 번호]

2 어떤 인형 공장에서 0부터 9까지 10개의 숫자가 적힌 도장을 사용하여 제품 번호를 차례로 찍었습니다. 50번부터 시작하여 인형에 도장을 250번 찍은 후 잠시 쉬었습니다. 다음 인형에 찍을 번호는 몇 번입니까? **150번**

50부터 99까지 두 자리 수는 99-50+1=50(개)이므로 도장을 50×2=100(번) 찍었습니다.
쪽수가 세 자리 수는 3번씩 찍고, 찍은 횟수가 250-100=150(번) 남았으므로 번호가 세 자리 수인 인형 150÷3=50(개)에 도장을 찍은 것입니다.
따라서 마지막에 찍은 번호는 100+50-1=149(번)이고, 다음 인형에 찍을 번호는 149+1=150(번)입니다.

정답 및 해설 **7**

각 숫자의 개수

마라톤에 출전한 선수 100명의 등번호를 1번부터 순서대로 매깁니다.

| 1 | , | 2 | , | 3 | …… | 9 | 8 | , | 9 | 9 | , | 1 | 0 | 0 |

등번호를 매길 때 필요한 숫자는 각각 몇 개인지 알아봅시다.

❶ 다음과 같이 한 자리 수에 0을 붙여서 0부터 99까지의 수를 두 자리 수 형식으로 나타내었습니다. 0부터 9까지 각 숫자는 몇 개씩 있습니까? **20개씩**

00	01	02	03	04	05	06	07	08	09
10	11	12	13	14	15	16	17	18	19
20	21	22	23	24	25	26	27	28	29
30	31	32	33	34	35	36	37	38	39
40	41	42	43	44	45	46	47	48	49
50	51	52	53	54	55	56	57	58	59
60	61	62	63	64	65	66	67	68	69
70	71	72	73	74	75	76	77	78	79
80	81	82	83	84	85	86	87	88	89
90	91	92	93	94	95	96	97	98	99

숫자는 0부터 9까지 모두 10개이고 각 숫자는 일의 자리에 10개씩, 십의 자리에 10개씩 각각 20개씩 있습니다.

❷ ❶의 표에서 빨간색으로 표시된 0과 0번은 등번호에 필요없는 숫자이고, 100번 등번호를 추가로 만들어야 합니다. 등번호를 매길 때 필요한 숫자는 각각 몇 개씩입니까?

0: **11** 개   1: **21** 개   2~9: 각각 **20** 개

0 : 00부터 99까지 0은 모두 20개입니다. 그 중 00부터 09까지 11개의 0은 필요없는 숫자이고, 등번호 100을 만들려면 0이 2번 더 필요합니다. 20−11+2=11(개)
1 : 00부터 99까지 1은 모두 20개이고, 등번호 100을 만들려면 1이 1번 더 필요합니다. 20+1=21(개)

---

1 다음과 같이 100부터 199까지의 수를 차례로 쓸 때, 숫자 1의 개수를 구하시오. **120개**

100101102103104 …… 198199

00부터 99까지의 수에서 숫자 1의 개수는 20개입니다. 100부터 199까지의 수의 백의 자리에는 숫자 1이 모두 199−100+1=100(개) 있습니다. 100부터 199까지의 수는 00부터 99까지의 수에 백의 자리 1을 붙여 만든 것이므로 숫자 1은 모두 20+100=120(개)입니다.

2 컴퓨터 자판으로 1부터 200까지의 수를 차례로 칠 때 자판이 고장나 숫자 2가 지워졌습니다. 지워진 숫자는 모두 몇 개입니까? **41개**

범위	2의 개수(개)
1~99	20
100~199	20
200	1
총 개수	41

---

⑤ 조건과 수

태경이가 자신이 좋아하는 수 1187에 대해 다음과 같이 설명합니다.

이 수는 11과 8과 7을 붙여 만든 네 자리 수야.
11은 평행선을 의미해서 "함께 나란히 앞을 보고 가자."라는 의미이고
8은 오뚜기 모양인데 "중심을 잃지 말자."는 뜻이야.
7은 물론 행운의 수!
중심을 잃지 않고 함께 앞을 향해 꾸준히 나아가면 행운이 온다고 하는 거지.

조건에 알맞은 수를 찾아 선으로 이으시오.

(1+2+5+2=10)

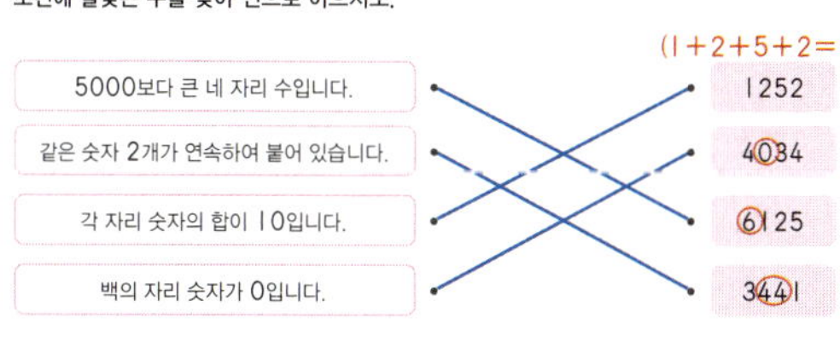

네 자리 수의 각 자리 숫자의 합이 2가 되려면 네 자리 수는 (2, 0, 0, 0) 또는 (1, 1, 0, 0)으로 이루어진 수입니다.
① (2, 0, 0, 0)인 경우 → 2000 ② (1, 1, 0, 0)인 경우 → 1100, 1010, 1001
따라서 모두 4개입니다.

◑ 다음 조건에 맞는 수의 개수를 구하시오.

| 5000보다 크고 6000보다 작은 네 자리 수 | ⇒ | **999** 개 |

5001부터 5999까지 모두 5999−5001+1=999(개) 있습니다.

| 같은 숫자 4개로 이루어진 네 자리 수 | ⇒ | **9** 개 |

1111, 2222, 3333……9999로 모두 9개입니다.

| 각 자리 숫자의 합이 2인 네 자리 수 | ⇒ | **4** 개 |

| 천의 자리 숫자가 9, 일의 자리 숫자가 9인 네 자리 수 | ⇒ | **100** 개 |

9□□9의 꼴인 수로 백의 자리에 10개의 숫자가, 십의 자리에 10개의 숫자가 올 수 있습니다. 따라서 모두 10×10=100(개) 있습니다.

노크 포인트

시작과 끝이 주어진 수의 개수는 (끝수)−(시작수)+1입니다.
　　5001부터 5999까지 수의 개수는 5999−5001+1=999(개)입니다.

특정 숫자가 들어가는 수의 개수는 각 자리 수별로 특정 숫자가 들어가는 수의 개수를 모두 더한 다음 특정 숫자가 동시에 들어가는 수의 개수를 빼어 구합니다.
두 자리 수 중에서 숫자 2가 들어가는 수를 구하면
일의 자리에 숫자 2가 들어가는 수는 12, 22, 32, 42……92로 9개,
십의 자리에 숫자 2가 들어가는 수는 20, 21, 22, 23……29로 10개,
동시에 2가 들어가는 수는 22로 1개.
→ 숫자 2가 들어가는 두 자리 수는 모두 9+10−1=18(개)입니다.

각 자리 조건에 맞는 수의 개수를 구할 때에는 각 자리에 올 수 있는 숫자의 개수를 곱하여 구합니다.
단, 가장 높은 자리에 0이 올 수 없다는 것에 주의합니다.

어떤 숫자가 들어 있는 수

1부터 100까지의 수가 적힌 수 카드가 있습니다. 이 카드 중에서 숫자 7이 들어 있는 카드는 모두 버린다고 할 때 버리고 남은 카드의 수를 알아봅시다.

❶ 1부터 100까지의 수 중 일의 자리에 7이 들어가는 수를 모두 쓰고, 개수를 구하시오.

7, 17, 27, 37, 47, 57, 67, 77, 87, 97　　10 개

☐7에서 ☐ 안에는 0부터 9까지 10개의 수가 들어갈 수 있습니다.

❷ 십의 자리에 7이 들어가는 수를 모두 쓰고, 개수를 구하시오.

70, 71, 72, 73, 74, 75, 76, 77, 78, 79　　10 개

❸ 일의 자리와 십의 자리에 동시에 7이 들어가는 수를 모두 쓰시오. 몇 개입니까? 77

1 개

❹ 1부터 100까지의 수 카드 중에서 숫자 7이 들어가는 카드를 모두 버리면 몇 장의 카드가 남게 됩니까? 81장

100－10－10＋1＝81(장)

---

1 [숫자 2가 들어가는 수]

1부터 100까지의 수 중에서 숫자 2가 들어가는 수는 모두 몇 개입니까? 19개

- 일의 자리에 2가 들어가는 수: 10개
  → 2, 12, 22, 32……82, 92
- 십의 자리에 2가 들어가는 수: 10개
  → 20, 21, 22, 23……28, 29

22는 중복하여 세었으므로 모두
10＋10－1＝19(개)입니다.

1부터 100까지 세 자리 수에 숫자 2가 들어간 수가 없다는 걸 알리가 없어.

2 [어떤 숫자가 들어 있지 않은 수]

1부터 299까지의 수 중에서 숫자 2가 들어가지 않는 수의 개수를 구하시오. 161개

범위	숫자 2가 들어가는 수
1～199	38개
200～299	100개

따라서 2가 들어가지 않는 수는
299－138＝161(개)입니다.

숫자 2가 들어가는 수의 개수를 구할 때에는 1부터 199까지와 200부터 299까지로 나누어서 생각해 봐.

조건과 수의 개수

오른쪽 조건 에 맞는 네 자리 수의 개수를 알아봅시다.

조건
- 4999보다 크고 8000보다 작습니다.
- 백의 자리 숫자는 7보다 큽니다.
- 십의 자리 숫자는 3보다 작습니다.
- 일의 자리 숫자와 천의 자리 숫자가 같습니다.

❶ 다음 각 자리에 올 수 있는 숫자와 그 개수를 쓰시오.

천의 자리	5, 6, 7	3 개
백의 자리	8, 9	2 개
십의 자리	0, 1, 2	3 개

❷ 다음은 천의 자리 숫자가 5일 때 조건 에 맞는 수를 나타낸 나뭇가지 그림의 일부입니다.

```
천    백    십    일    네 자리 수
5 ─── 8 ─── 0 ─── 5 ──→ 5805
            1 ─── 5 ──→ 5815
            2 ─── 5 ──→ 5825
      9 ─── 0 ─── 5 ──→ 5905
      ⋮     ⋮          ⋮
```

천의 자리 숫자가 5일 때 조건에 맞는 수는 모두 몇 개인지 곱셈식을 사용하여 구하시오.

백　십
2 × 3 ＝ 6 (개)

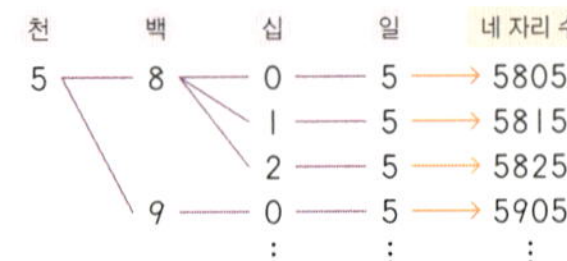

❸ 천의 자리에 올 수 있는 숫자의 개수는 3개입니다. 조건 에 맞는 수는 모두 몇 개입니까? 18개　3×2×3＝18(개)

일의 자리에는 천의 자리와 같은 숫자가 오므로, 수의 개수를 구할 때 고려하지 않아도 됩니다.

---

1 [자물쇠 열기]

산만해 요괴는 4개의 고리에 0에서 9까지의 숫자가 있는 자물쇠를 가지고 있습니다. 다음은 산만해 요괴가 기억해 낸 비밀번호의 힌트입니다. 비밀번호의 힌트에 맞는 수는 모두 몇 개입니까? 40개

8000보다 컸어.
천의 자리 숫자와 백의 자리 숫자가 같았어.
십의 자리 숫자는 5보다 큰 수야.
일의 자리 숫자는 홀수야.

첫 번째, 두 번째 조건에 의해 비밀번호는 88☐☐ 또는 99☐☐입니다.
① 88☐☐인 경우: 십의 자리에 숫자 4개(6, 7, 8, 9), 일의 자리에 숫자 5개(1, 3, 5, 7, 9)가 올 수 있으므로 조건에 맞는 네 자리 수는 4×5＝20(개)입니다.
② 99☐☐인 경우: ①과 마찬가지로 조건에 맞는 수는 4×5＝20(개)입니다.
따라서 비밀번호의 힌트에 맞는 수는 모두 20＋20＝40(개)입니다.

2 [조건에 맞는 네 자리 수]

다음 조건 에 맞는 네 자리 수의 개수를 구하시오. 100개

조건
3000보다 작은 네 자리 수입니다.
십의 자리와 백의 자리 숫자가 같습니다.
일의 자리 숫자는 홀수입니다.

첫 번째 조건에 의해 조건에 맞는 네 자리 수는 1☐☐☐ 또는 2☐☐☐입니다.
① 1☐☐☐인 경우: 백의 자리와 십의 자리에 10개(00, 11, 22……88, 99), 일의 자리에 숫자 5개(1, 3, 5, 7, 9)가 올 수 있으므로 조건에 맞는 수는 10×5＝50(개)입니다.
② 2☐☐☐인 경우: ①과 마찬가지로 조건에 맞는 수는 10×5＝50(개)입니다.
따라서 조건에 맞는 수는 모두 50＋50＝100(개)입니다.

6 숫자 카드로 수 만들기

꼬마 요괴들이 4장의 숫자 카드를 한 번씩 모두 사용하여 각자 네 자리 수를 만듭니다.

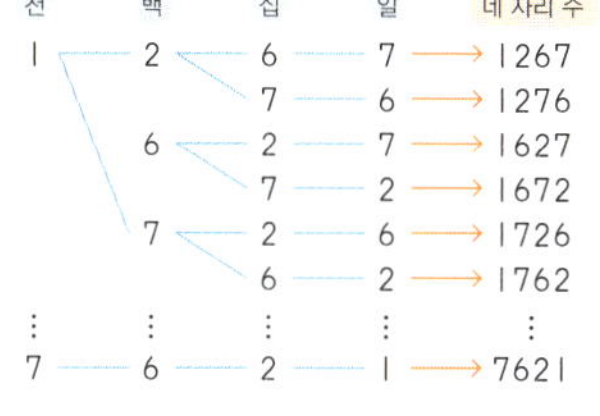

위의 숫자 카드로 1267부터 7621까지 여러 개의 수를 만들 수 있습니다. 다음을 보고 만들 수 있는 수의 개수를 구하시오. **24개**

천	백	십	일	네 자리 수
1	2	6	7	→ 1267
		7	6	→ 1276
	6	2	7	→ 1627
		7	2	→ 1672
	7	2	6	→ 1726
		6	2	→ 1762
⋮	⋮	⋮	⋮	⋮
7	6	2	1	→ 7621

천 백 십 일
$4 \times 3 \times 2 \times 1 = 24$(개)

천의 자리 숫자가 1인 네 자리 수는 모두 6개야.

주어진 숫자 카드를 한 번씩 모두 사용하여 네 자리 수를 만듭니다. 만든 수를 작은 수부터 차례로 적어 수 계단을 만들고, 만들 수 있는 수의 개수를 구하시오.

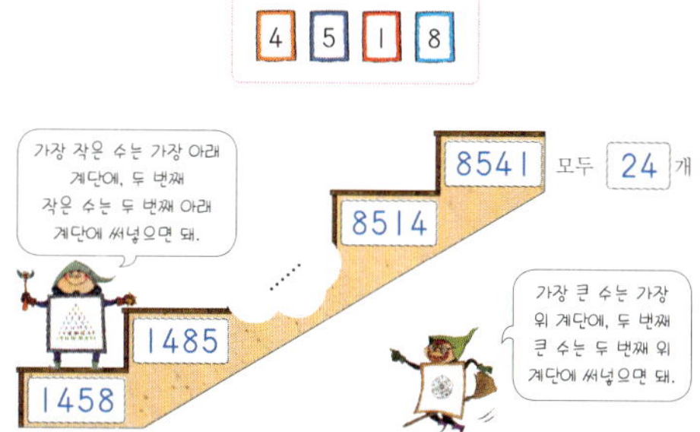

노크 포인트

숫자 카드 4장으로 큰 수, 작은 수 만들기

숫자 카드로 가장 큰 네 자리 수를 만들 때에는 큰 숫자부터 차례로 천, 백, 십, 일의 자리에 씁니다. 두 번째 큰 수는 가장 큰 수에서 십의 자리와 일의 자리 숫자를 서로 바꿉니다.

가장 작은 네 자리 수를 만들 때에는 가장 작은 숫자부터 차례로 천, 백, 십, 일의 자리에 씁니다. 두 번째 작은 수는 가장 작은 수에서 십의 자리와 일의 자리 숫자를 서로 바꿉니다. 단, 천의 자리에는 0이 들어갈 수 없습니다.

0이 아닌 서로 다른 4장의 숫자 카드로 만들 수 있는 네 자리 수의 개수는 각 자리에 들어갈 수 있는 숫자의 개수를 곱하여 구합니다.

자릿값	천	백	십	일
숫자의 개수	4	3	2	1

네 자리 수의 개수: $4 \times 3 \times 2 \times 1 = 24$(개)

🐭 0이 포함된 숫자 카드

다음 숫자 카드를 한 번씩 모두 사용하여 만들 수 있는 네 자리 수 중에서 4번째 큰 수와 4번째 작은 수의 차를 구해 봅시다.

❶ 만들 수 있는 수 중에서 가장 큰 수부터 차례로 쓰시오.

가장 큰 수			4번째 큰 수
7510	7501	7150	7105

❷ 만들 수 있는 수 중에서 가장 작은 수부터 차례로 쓰시오.

가장 작은 수			4번째 작은 수
1057	1075	1507	1570

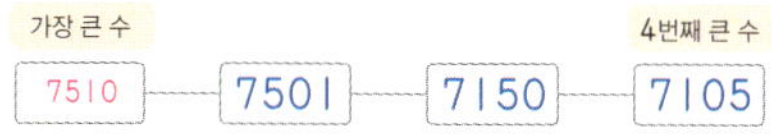

❸ 4번째 큰 수와 4번째 작은 수의 차를 구하시오. **5535**
$7105 - 1570 = 5535$

[3번째 큰 수, 3번째 작은 수]

1 다음 숫자 카드를 한 번씩 모두 사용하여 네 자리 수를 만들 때 3번째로 큰 수와 3번째로 작은 수를 각각 구하시오. **5230, 2305**

가장 큰 수   3번째 큰 수
$5320 - 5302 - \boxed{5230}$

가장 작은 수   3번째 작은 수
$2035 - 2053 - \boxed{2305}$

[몇 번째 작은 수]

2 숫자 3, 0, 7, 4를 한 번씩 모두 사용하여 만들 수 있는 네 자리 수를 만들 때 3704는 작은 수부터 몇 번째 수입니까? **5번째**

가장 작은 수   5번째 작은 수
$3047 - 3074 - 3407 - 3470 - \boxed{3704} - 3740 \cdots\cdots$

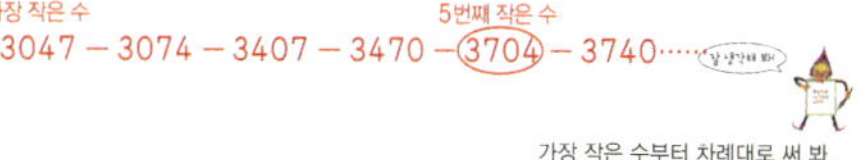

같은 숫자가 포함된 숫자 카드

수학 요정이 들고 있는 숫자 카드를 보고 만들 수 있는 네 자리 수의 개수를 알아봅시다.

① 플라톤 요정의 숫자 카드에는 0이 하나 있습니다. 표를 완성하고 만들 수 있는 수의 개수를 구하시오.

천의 자리에 놓을 수 있는 숫자는 3, 4, 7로 3개란다.

자릿값	천	백	십	일
숫자의 개수	3	3	2	1

네 자리 수의 개수: $3 \times 3 \times 2 \times 1 = 18$ (개)

② 가우스 요정의 숫자 카드에는 0이 하나 있고 같은 숫자가 있습니다. 나뭇가지 그림을 완성하고 만들 수 있는 수의 개수를 구하시오.　9개

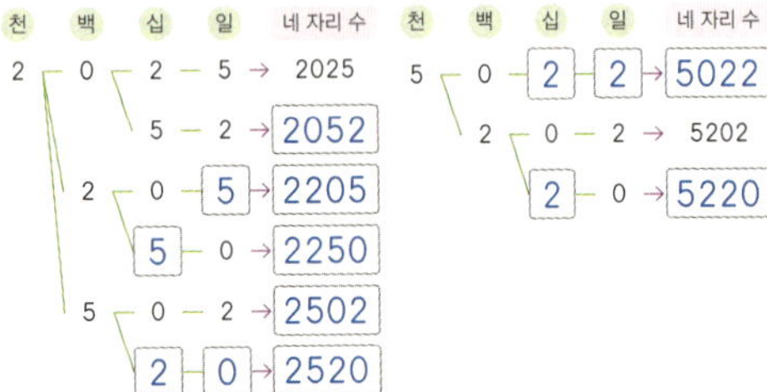

천　백　십　일　네 자리 수　　천　백　십　일　네 자리 수

```
2 ─ 0 ─ 2 ─ 5 → 2025        5 ─ 0 ─ 2 ─ 2 → 5022
        5 ─ 2 → 2052                2 ─ 0 ─ 2 → 5202
    2 ─ 0 ─ 5 → 2205                    2 ─ 0 → 5220
        5 ─ 0 → 2250
    5 ─ 0 ─ 2 → 2502
        2 ─ 0 → 2520
```


---

1 같은 숫자 카드가 2장씩 모두 4장의 카드가 있습니다. 이 숫자 카드를 한 번씩 모두 사용하여 만들 수 있는 네 자리 수를 모두 쓰시오.

1122, 1212, 1221, 2112, 2121, 2211

천　백　십　일
```
1 ─ 1 ─ 2 ─ 2
    2 ─ 1 ─ 2
        2 ─ 1
2 ─ 1 ─ 1 ─ 2
        2 ─ 1
    2 ─ 1 ─ 1
```


2 다음과 같은 숫자 카드가 있습니다. 이 숫자 카드를 한 번씩 모두 사용하여 만들 수 있는 네 자리 수의 개수를 구하시오.　9개

천　백　십　일
```
3 ─ 0 ─ 3 ─ 4
        4 ─ 3
    3 ─ 0 ─ 4
        4 ─ 0
    4 ─ 0 ─ 3
        3 ─ 0
4 ─ 0 ─ 3 ─ 3
    3 ─ 0 ─ 3
        3 ─ 0
```

창의적 문제해결력

1 다음과 같이 1부터 101까지의 수를 차례대로 쓸 때 숫자 1과 0을 각각 몇 번씩 쓰는지 구하시오.　1 : 23번, 0 : 12번

12345678910 11……99 100 101

범위	1의 개수(개)	0의 개수(개)
1~99	20	9
100~101	3	3
총 개수	23	12

2 1쪽부터 202쪽까지 있는 책을 인쇄하는데 활자 인쇄기가 고장나서 쪽수 표시에서 숫자 2가 모두 지워졌습니다. 지워진 숫자는 모두 몇 개입니까?　44개

범위	2의 개수(개)
1~99	20
100~199	20
200~202	4
총 개수	44

🔗 동영상 특강
QR 코드를 찍어 보세요!!

3 1부터 999까지의 수 중에서 55, 155, 552와 같이 숫자 5가 붙어 있는 수는 모두 몇 개입니까?　19개

· 두 자리 수인 경우 : 1개(55)
· 세 자리 수인 경우 : 18개(10+9-1=18(개))
　① 55□ : 10개(550, 551, 552……559)
　② □55 : 9개(155, 255, 355……955)
　③ 555 : 1개
따라서 1에서 999까지의 수 중에서 5가 두 개 붙어 있는 수는 모두 1+18=19(개)입니다.

4 다음 숫자 카드를 한 번씩 모두 사용하여 네 자리 수를 만들 때 5000보다 작은 수는 모두 몇 개입니까?　12개

5000보다 작은 수이므로 천의 자리에 올 수 있는 숫자는 2와 3입니다.
　① 2□□□인 경우
　　백 십 일
　　$3 \times 2 \times 1 = 6$(개)
　② 3□□□인 경우
　　백 십 일
　　$3 \times 2 \times 1 = 6$(개)
따라서 모두 6+6=12(개)입니다.

정답 및 해설　**11**

Chapter 3

배수와 약수

7 배수판정법

초이가 엄마 심부름으로 식료품점에 다녀왔습니다.

초이 집에 놀러 왔던 아인이가 영수증을 보며 말합니다.

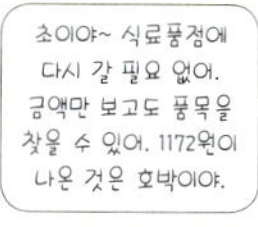

아인이의 방법을 이용하여 지워진 영수증을 복원하여 보시오.

품목	단가(원)	개수(개)	금액(원)
호박	293	4	1172
우유	497	5	2485
라면	371	3	1113
합계(원)			4770

2485는 5로 나누어떨어지므로 우유 5병을 산 금액입니다.
1113은 3으로 나누어떨어지므로 라면을 산 금액입니다.

각 자리 숫자의 합인 6+8+4=18이 3, 9의 배수이므로 684는 3과 9의 배수입니다. 684의 끝의 두 자리 수 84가 4의 배수이므로 684는 4의 배수입니다. 일의 자리 숫자가 0 또는 5가 아니므로 684는 5의 배수가 아닙니다.

어떤 수를 1배, 2배, 3배…… 한 수를 어떤 수의 배수라고 합니다. 왼쪽 수는 어떤 수의 배수인지 모두 찾아 ○표 하시오.

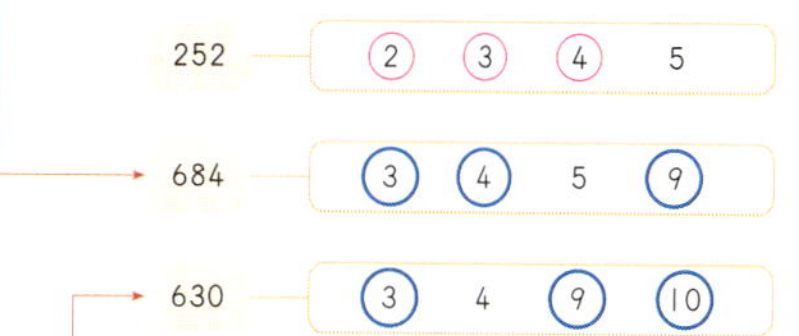

각 자리 숫자의 합인 6+3+0=9가 3, 9의 배수이므로 630은 3과 9의 배수입니다. 일의 자리 숫자가 0이므로 630은 10의 배수입니다. 끝의 두 자리 수 30이 4의 배수가 아니므로 630은 4의 배수가 아닙니다.

 **노크 포인트**

어떤 수를 1배, 2배, 3배…… 한 수를 배수라고 합니다.
□의 배수, □로 나누어떨어지는 수, □를 곱한 수, □를 여러 번 더한 수는 모두 같은 뜻입니다.
직접 나누어 보지 않고 배수를 알 수 있는 방법을 배수판정법이라 합니다.

배수	배수판정법
2의 배수	일의 자리 숫자가 0, 2, 4, 6, 8입니다. 예 346, 510, 102
5의 배수	일의 자리 숫자가 0, 5입니다. 예 105, 530, 995
10의 배수	일의 자리 숫자가 0입니다. 예 200, 950, 370
4의 배수	끝의 두 자리 수가 00 또는 4의 배수입니다. 예 500, 736, 504
3의 배수	각 자리 숫자의 합이 3의 배수입니다. 예 651→6+5+1=12(3의 배수)
9의 배수	각 자리 숫자의 합이 9의 배수입니다. 예 765→7+6+5=18(9의 배수)

배수의 규칙

나누어 보지 않고 배수를 알아봅시다.

❶ 다음은 여러 가지 수를 곱해서 2, 5, 10의 배수를 만든 것입니다.

×	2	3	10	11	20	21	98	99
2의 배수	4	6	20	22	40	42	196	198
5의 배수	10	15	50	55	100	105	490	495
10의 배수	20	30	100	110	200	210	980	990

위에서 구한 배수의 일의 자리 숫자를 모두 쓰고, 규칙을 말해 보시오.

	일의 자리 숫자	규칙
2의 배수	4, 6, 0, 2, 0, 2, 6, 8	일의 자리 숫자가 모두 짝수입니다.
5의 배수	0, 5, 0, 5, 0, 5, 0, 5	일의 자리 숫자가 0 또는 5입니다.
10의 배수	0, 0, 0, 0, 0, 0, 0, 0	일의 자리 숫자가 모두 0입니다.

❷ 다음은 3과 9의 배수를 만든 것입니다.

×	2	3	10	11	20	21	98	99
3의 배수	6	9	30	33	60	63	294	297
9의 배수	18	27	90	99	180	189	882	891

위에서 구한 배수의 각 자리 숫자의 합을 모두 구하고, 규칙을 말해 보시오.

	각 자리 숫자의 합	규칙
3의 배수	6, 9, 3, 6, 6, 9, 15, 18	각 자리 숫자의 합이 3의 배수입니다.
9의 배수	9, 9, 9, 18, 9, 18, 18, 18	각 자리 숫자의 합이 9의 배수입니다.

[4의 배수 판정법]

1 다음은 4의 배수를 만든 것입니다. 4의 배수의 끝의 두 자리 수를 모두 쓰고, 규칙을 말해 보시오.

×	25	26	27	30	35	49	100	250	265	304
4의 배수	100	104	108	120	140	196	400	1000	1060	1216

끝의 두 자리 수
00, 04, 08, 20, 40, 96, 00, 00, 60, 16

규칙
끝의 두 자리 수가 00이거나 4의 배수입니다.

[2, 3, 4, 5, 9의 배수판정법]

2 배수판정법을 이용하여 다음 수가 어떤 수의 배수인지 표의 빈칸에 쓰시오.

36 180 300 297 801 724 555

2의 배수	3의 배수	4의 배수	5의 배수	9의 배수
36	36	36	180	36
180	180	180	300	180
300	300	300	555	297
724	297	724		801
	801			
	555			

배수판정법의 활용

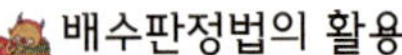

주어진 네 자리 수가 두 수의 배수가 되도록 ◆, ●가 될 수 있는 숫자를 알아봅시다.

3과 4의 배수	4와 9의 배수
427◆	59●4

❶ 3의 배수가 되기 위해서는 각 자리 숫자의 합이 3의 배수가 되어야 합니다. 427◆이 3의 배수일 때 ◆가 될 수 있는 숫자를 모두 구하시오. 2, 5, 8

$$4+2+7+◆=13+◆$$

13부터 22 사이의 3의 배수는 15, 18, 21입니다. 13+◆가 15, 18 또는 21이 되려면 ◆는 2, 5 또는 8입니다.

❷ 4의 배수가 되기 위해서는 끝의 두 자리 수가 00 또는 4의 배수가 되어야 합니다. 427◆가 4의 배수일 때 ◆이 될 수 있는 수를 모두 구하시오. 2, 6

70부터 79 사이의 4의 배수는 72, 76입니다. 따라서 7◆가 4의 배수가 되려면 ◆는 2 또는 6이어야 합니다.

❸ 427◆이 3과 4의 배수일 때 ◆이 될 수 있는 숫자를 구하시오. 2

① 59●4가 4의 배수인 경우 → ●4가 4의 배수 → ●=0, 2, 4, 6, 8
② 59●4가 9의 배수인 경우: 5+9+●+4=18+●가 9의 배수 → ●=0, 9
따라서 ①, ②를 동시에 만족하는 숫자 ●는 0입니다.
❹ 같은 방법으로 59●4가 4와 9의 배수일 때 ●가 될 수 있는 숫자를 구하시오. 0

[배수 만들기]

1 다음 숫자 카드 중 3장을 사용하여 2의 배수도 되고 9의 배수도 되는 세 자리 수를 모두 만드시오. 792, 972

2	4	7	9

숫자의 합이 9의 배수가 되는 경우는 2+7+9=18입니다.
3장의 숫자 카드 2, 7, 9로 2의 배수를 만들려면 일의 자리 숫자가 짝수이어야 하므로 792, 972입니다.

[불우 이웃 돕기]

2 초이네 모둠 12명은 모두 같은 금액의 돈을 내어서 불우 이웃 돕기 성금을 모았습니다. 모은 돈이 모두 344◆0원일 때, ◆가 될 수 있는 숫자를 구하시오. 4

344◆0은 12의 배수이고, 12는 3과 4의 배수이므로 344◆0은 3과 4의 배수입니다.
① 3의 배수인 경우
　　3+4+4+◆+0=11+◆이 3의 배수 → ◆=1, 4, 7
② 4의 배수인 경우
　　◆0이 00 또는 4의 배수 → ◆=0, 2, 4, 6, 8
3의 배수와 4의 배수를 모두 만족하는 경우 ◆=4입니다.

---

8 약수

딴짓 요괴, 페르마 요정, 아인이가 수학 대결을 합니다.

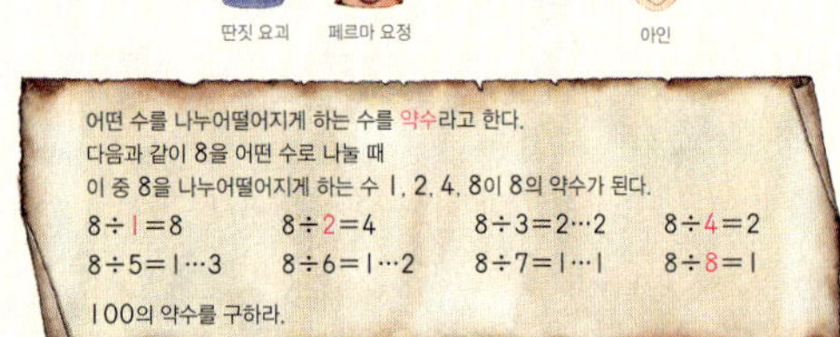

어떤 수를 나누어떨어지게 하는 수를 약수라고 한다.
다음과 같이 8을 어떤 수로 나눌 때
이 중 8을 나누어떨어지게 하는 수 1, 2, 4, 8이 8의 약수가 된다.

$8÷1=8$	$8÷2=4$	$8÷3=2\cdots2$	$8÷4=2$
$8÷5=1\cdots3$	$8÷6=1\cdots2$	$8÷7=1\cdots1$	$8÷8=1$

100의 약수를 구하라.

문제를 보고 가장 빨리 아인이가 100의 약수를 모두 구했습니다.

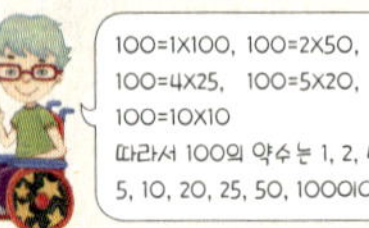

---

❶ 18을 두 수의 곱으로 나타내었습니다. 곱으로 나타낸 수 1, 2, 3, 6, 9, 18로 18을 나누면 나누어떨어집니다. 따라서 1, 2, 3, 6, 9, 18은 18의 약수입니다.
같은 방법으로 24를 두 수의 곱으로 나타내고 약수를 구하시오.

18=1×18	18=2×9	18=3×6

두 수의 곱	약수
24= 1 × 24 ➡	1, 24
= 2 × 12 ➡	2, 12
= 3 × 8 ➡	3, 8
= 4 × 6 ➡	4, 6

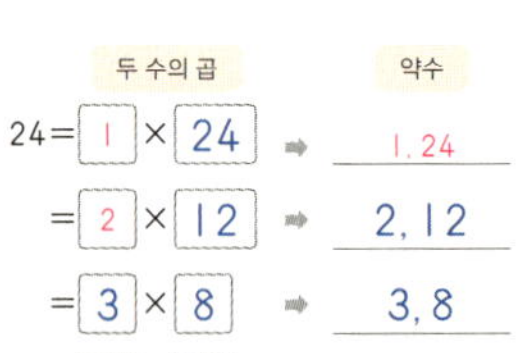

노크 포인트

어떤 수를 나누어떨어지게 하는 수를 그 수의 약수라고 합니다.
8을 1, 2, 4, 8로 나누면 나누어떨어집니다. 따라서 1, 2, 4, 8은 8의 약수입니다.

어떤 수를 두 수의 곱으로 나타내어 약수를 구할 수 있습니다.
36은 다음과 같이 두 수의 곱으로 나타낼 수 있습니다.

36=1×36	36=2×18	36=3×12
36=4×9	36=6×6	

→ 1, 2, 3, 4, 6, 9, 12, 18, 36은 36의 약수입니다.

정답 및 해설 **13**

수 상자 복원하기

보기 와 같이 수 상자에 2부터 9까지의 수를 가로, 세로로 두 수씩 써넣고, 두 수의 곱을 수 상자의 오른쪽과 아래에 씁니다. 꼬마 요괴가 지워버린 수 상자 안의 수를 모두 복원하시오.

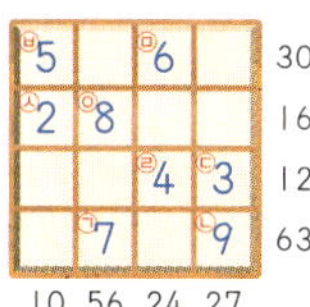

❶ 상자의 밖에 쓰여진 수의 약수를 □ 안에 모두 쓰시오. (단, 2부터 9까지의 수만 씁니다.)

30	2 3 5 6	
16	2 4 8	
12	2 3 4 6	
63	3 7 9	

10 56 24 27

2 5	2 4 7 8	2 3 4 6 8	3 9

63의 약수는 1, 3, 7, 9, 21, 63인데 2부터 9까지의 수만 쓰라고 했네.

❷ ❶의 색칠한 칸 ■ 안에는 가로, 세로로 공통의 약수 7이 들어갑니다. ❶에서 구한 약수를 이용하여 수 상자의 지워진 수를 다시 채워 넣으시오.
ⓖ에서 ⓜ까지의 순서대로 상자 안에 수를 구합니다.

[수 넣기]
1 가로, 세로로 두 수의 곱이 아래와 오른쪽에 있는 수가 되도록 2부터 9까지의 수를 한 번씩 써넣으시오.

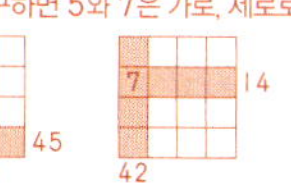

약수를 구하면 5와 7은 가로, 세로로 하나씩만 있습니다.

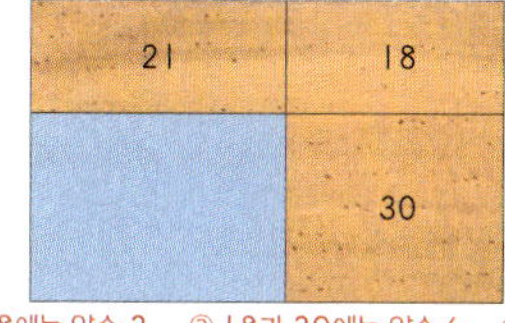

5와 7을 이용하여 나머지 칸도 가로, 세로로 두 수의 곱이 상자 밖의 수가 되도록 채웁니다.

[타일 깔기]
2 직사각형 모양의 땅에 크기가 같은 작은 정사각형 모양 타일을 빈틈없이 깔려고 합니다. 아래에 쓰여진 수는 나누어진 땅에 깔릴 정사각형 모양 타일의 개수라 할 때, 파란색으로 색칠한 땅에 깔릴 타일의 개수를 구하시오.   **35개**

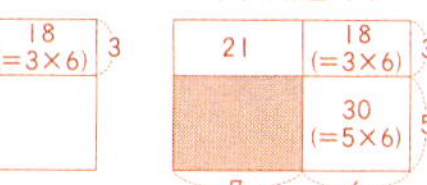
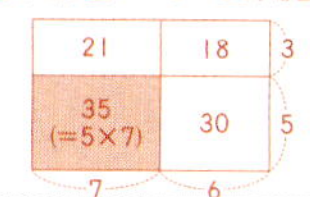

① 21과 18에는 약수 3이 하나씩 있습니다.

21 (=3×7)	18 (=3×6)	3

7

② 18과 30에는 약수 6이 하나씩 있습니다.

21	18 (=3×6)	3
	30 (=5×6)	

7 6

③ 가로 7, 세로 5인 직사각형에 들어가는 타일의 개수는 7×5=35(개)입니다.

21	18	3
35 (=5×7)	30	

7 6

부족수, 과잉수

자신을 제외한 약수의 합이 자신보다 작으면 부족수, 자신보다 크면 과잉수라고 합니다.

표를 완성하여 주어진 수가 부족수인지 과잉수인지 알아보시오.

수	자신을 제외한 약수	자신을 제외한 약수의 합과 크기 비교	부족수/과잉수
9	1, 3	1+3=4<9	부족수
10	1, 2, 5	1+2+5=8<10	부족수
16	1, 2, 4, 8	1+2+4+8=15<16	부족수
18	1, 2, 3, 6, 9	1+2+3+6+9=21>18	과잉수
20	1, 2, 4, 5, 10	1+2+4+5+10=22>20	과잉수
24	1, 2, 3, 4, 6, 8, 12	1+2+3+4+6+8+12=36>24	과잉수
32	1, 2, 4, 8, 16	1+2+4+8+16=31<32	부족수

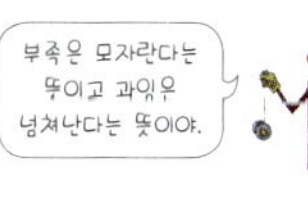

[조건과 약수]
1 꼬마 요괴들이 말하는 조건을 모두 만족하는 수를 구하시오.   **15**

다음과 같이 ①, ②, ③ 순서대로 조건을 만족하는 수를 찾습니다.
① 30의 약수는 1, 2, 3, 5, 6, 10, 15, 30입니다.
② ①에서 구한 수 중에서 3보다 큰 3의 배수는 6, 15, 30입니다.
③ ②에서 구한 수 중에서 부족수는 15(1+3+5=9<15)뿐입니다.

[완전수]
2 6의 약수는 1, 2, 3, 6이고 자신을 제외한 나머지 약수의 합은 1+2+3=6으로 자기 자신과 같습니다. 고대 그리스 사람들은 6과 같이 자신을 제외한 약수의 합이 자신이 되는 수를 '완전수'라고 불렀습니다. 두 자리 수 중 완전수는 하나밖에 없고 20보다 크고 30보다 작습니다. 이 수를 찾아보시오.   **28**
1+2+4+7+14=28

14   D1 수

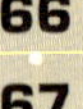 

9 사물함 열고 닫기

요괴 나라 마법 학교의 교실 복도에는 1번부터 30번까지 순서대로 번호가 적힌 사물함이 있습니다. 1번부터 30번까지 번호표를 든 요괴들이 차례대로 복도를 지나가면서 사물함을 다음과 같이 열고 닫습니다.

> 1번 번호표를 든 요괴는 사물함 문을 모두 엽니다.
> 2번 번호표를 든 요괴는 2의 배수인 사물함 문을 열린 것은 닫고, 닫힌 것은 엽니다.
> 3번 번호표를 든 요괴는 3의 배수인 사물함 문을 열린 것은 닫고, 닫힌 것은 엽니다.
> 4번 번호표를 든 요괴는 4의 배수인 사물함 문을 열린 것은 닫고, 닫힌 것은 엽니다.
> ⋮

이런 식으로 30번 번호표를 든 요괴까지 모두 복도를 지나갔습니다.

멍하니 요괴   잘난척 요괴

잘난척 요괴의 9번 사물함은 열려 있습니까, 닫혀 있습니까? **열려 있습니다.**
9의 약수인 1, 3, 9번 번호표를 들고 있는 요괴들이 9번 사물함을 열고 닫습니다.
① 1번 번호표를 든 요괴가 닫혀 있는 9번 사물함 문을 엽니다.
② 3번 번호표를 든 요괴가 열려 있는 9번 사물함 문을 닫습니다.
③ 9번 번호표를 든 요괴가 닫혀 있는 9번 사물함 문을 엽니다.
따라서 9번 사물함은 열려 있습니다.

다음 수의 약수와 약수의 개수를 구하시오. 또, 약수의 개수가 짝수 개인지, 홀수 개인지 쓰시오.

수	약수	약수의 개수	짝수/홀수
3	1, 3	2	짝수
6	1, 2, 3, 6	4	짝수
9	1, 3, 9	3	홀수
12	1, 2, 3, 4, 6, 12	6	짝수
15	1, 3, 5, 15	4	짝수
16	1, 2, 4, 8, 16	5	홀수
17	1, 17	2	짝수

노크 포인트

① 약수가 1과 자기 자신밖에 없는 수를 소수라고 합니다.
20보다 작은 소수는 2, 3, 5, 7, 11, 13, 17, 19로 1은 소수가 아니고, 가장 작은 소수는 2입니다. 소수의 약수는 2개입니다.

② 8과 같이 자기 자신을 제외한 약수의 곱이 자신이 되는 수를 곱완전수라고 합니다.
8의 약수: 1, 2, 4, 8
자신을 제외한 약수의 곱: $1 \times 2 \times 4 = 8$
곱완전수의 약수의 개수는 4개입니다.

③ 1, 4, 9, 16……과 같이 같은 수를 곱해서 나온 수를 제곱수라고 합니다.
$1 \times 1 = 1, 2 \times 2 = 4, 3 \times 3 = 9, 4 \times 4 = 16$……
제곱수의 약수의 개수는 홀수 개입니다.

에라토스테네스의 체

5의 약수는 1과 5입니다. 이와 같이 약수가 1과 자기 자신밖에 없는 수를 소수라고 합니다. 따라서 소수의 약수는 2개뿐입니다. 50보다 작은 소수를 모두 찾아봅시다.

❶ 1부터 50까지의 수 중에서 소수를 찾는 방법입니다. 방법에 따라 수에 ✕표 하시오.

> • 1은 소수가 아니므로 ✕표 합니다.
> • 2를 제외한 2의 배수에 모두 ✕표 합니다.
> • 3을 제외한 3의 배수에 모두 ✕표 합니다.
> • 4는 이미 지워졌으므로 다음 수로 넘어갑니다.
> • 5를 제외한 5의 배수에 모두 ✕표 합니다.
> ⋮
> 같은 방법으로 남은 수 중 첫 수는 남기고, 그 수의 배수는 모두 찾아 ✕표 합니다.

이 방법을 에라토스테네스의 체라고 해.

~~1~~	2	3	~~4~~	5	~~6~~	7	~~8~~	~~9~~	~~10~~
11	~~12~~	13	~~14~~	~~15~~	~~16~~	17	~~18~~	19	~~20~~
~~21~~	~~22~~	23	~~24~~	~~25~~	~~26~~	~~27~~	~~28~~	29	~~30~~
31	~~32~~	~~33~~	~~34~~	~~35~~	~~36~~	37	~~38~~	~~39~~	~~40~~
41	~~42~~	43	~~44~~	~~45~~	~~46~~	47	~~48~~	~~49~~	~~50~~

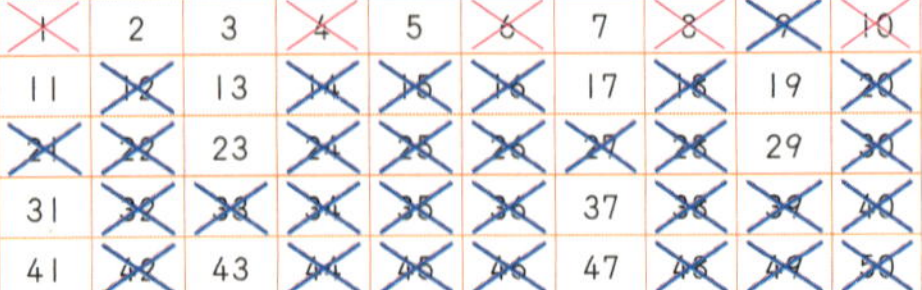

❷ 1부터 50까지의 수 중 소수는 모두 15개입니다. 소수를 모두 찾아 쓰시오.
2, 3, 5, 7, 11, 13, 17, 19, 23, 29, 31, 37, 41, 43, 47

[소수의 합]

1 보기 와 같이 다음 수를 세 소수의 합으로 나타내시오.

> **보기**
> $8 = 2 + 3 + 3$ $10 = 2 + 3 + 5$

$18 = \boxed{2} + \boxed{5} + \boxed{11}$ 예 $25 = \boxed{5} + \boxed{7} + \boxed{13}$
$25 = 2 + 3 + 13$ $25 = 3 + 5 + 17$
18보다 작은 소수: 2, 3, 5, 7, 11, 13, 17
25보다 작은 소수: 2, 3, 5, 7, 11, 13, 17, 19, 23

[조건과 소수]

2 다음 조건을 모두 만족하는 두 수를 구하시오. 2, 31

> **조건**
> • 두 수 모두 소수입니다.
> • 두 수의 합은 33입니다.

33은 홀수이고 두 수의 합이 홀수가 되려면 두 수는 홀수와 짝수로 이루어져야 합니다. 또한 두 수는 모두 소수이고, 소수이면서 짝수인 수는 2뿐입니다. 33=2+31이므로 합이 33인 두 소수는 2와 31입니다.

정답 및 해설 **15**

70 / 71

곱완전수와 제곱수

자기 자신을 제외한 약수의 곱이 자신이 되는 수를 곱완전수라고 합니다. 다음 수 중에서 곱완전수를 찾고, 곱완전수가 되기 위한 조건을 알아봅시다.

| 5 | 8 | 9 | 10 | 13 | 15 | 16 |

❶ 약수와 약수의 개수를 구하고, 곱완전수가 되는지 알아보시오.

수	약수	약수의 개수	자신을 제외한 약수의 곱	곱완전수
5	1, 5	2	1	×
8	1, 2, 4, 8	4	1×2×4=8	○
9	1, 3, 9	3	1×3=3	×
10	1, 2, 5, 10	4	1×2×5=10	○
13	1, 13	2	1	×
15	1, 3, 5, 15	4	1×3×5=15	○
16	1, 2, 4, 8, 16	5	1×2×4×8=64	×

❷ 곱완전수를 모두 찾아 쓰고, 곱완전수가 되기 위한 조건을 약수의 개수로 설명하시오.
8, 10, 15, 약수의 개수가 4개입니다.

[곱완전수]
1 20부터 30까지의 수 중에서 곱완전수는 모두 몇 개입니까?　4개
곱완전수는 약수가 4개인 수입니다.
20부터 30까지의 수 중에서 약수가 4개인 수는
21, 22, 26, 27입니다.
21=1×3×7, 22=1×2×11,
26=1×2×13, 27=1×3×9

[제곱수]
2 1, 4, 9, 16……과 같이 같은 수를 곱해서 나온 수를 제곱수라고 합니다. 제곱수의 약수의 개수는 어떤 규칙이 있는지 쓰시오.
제곱수의 약수의 개수는 모두 홀수 개입니다.

| 1 | 9 | 25 | 49 |
| | 4 | 16 | 36 |

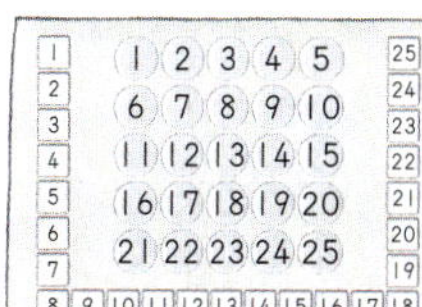

수	약수	약수의 개수
1	1	1
4	1, 2, 4	3
9	1, 3, 9	3
16	1, 2, 4, 8, 16	5
25	1, 5, 25	3
36	1, 2, 3, 4, 6, 9, 12, 18, 36	9
49	1, 7, 49	3

---

72 / 73

창의적 문제해결력

1 주어진 숫자 카드 중 3장을 뽑아 한 번씩만 사용하여 2의 배수도 되고 3의 배수도 되는 세 자리 수를 모두 만드시오.　162, 612, 126, 216, 156, 516

| 1 | 2 | 5 | 6 |

각 자리 숫자의 합이 3의 배수이면 그 수는 3의 배수가 됩니다. 3의 배수가 되는 숫자 카드 3장을 고르면 1, 2, 6과 1, 5, 6의 2가지 경우입니다.

① 1, 2, 6인 경우 2의 배수인 세 자리 수 → 162, 612, 126, 216
② 1, 5, 6인 경우 2의 배수인 세 자리 수 → 156, 516
따라서 2의 배수도 되고 3의 배수도 되는 세 자리 수는 162, 612, 126, 216, 156, 516입니다.

2 올림픽은 4년마다 열리고 2016년은 올림픽이 열리는 해입니다. 앞으로도 변함없이 4년마다 올림픽이 열린다고 할 때, 다음 중 올림픽이 열리는 해를 모두 찾아 ○표 하시오.

| 2020년 | 3074년 | 5000년 | 2996년 |
| 4002년 | 2222년 | 2111년 | |

4의 배수인 해를 찾으면 되므로 끝 두 자리 수가 00이거나 4의 배수인 수는 2020, 5000, 2996입니다.

3 다음 조건을 모두 만족하는 수를 구하시오.　36

조건
㉮ 이 수는 4의 배수입니다.
㉯ 이 수는 72의 약수입니다.
㉰ 이 수의 약수 중 세 번째 큰 수는 12입니다.

다음과 같이 ㉮, ㉯, ㉰의 순서로 조건에 맞는 수를 찾습니다.
㉯ 72의 약수: 1, 2, 3, 4, 6, 8, 9, 12, 18, 24, 36, 72
㉮ ㉯에서 찾은 수 중 4의 배수: 4, 8, 12, 24, 36, 72
㉰ ㉮에서 찾은 수 중 약수로 세 번째 큰 수가 12인 수: 36
　(36의 약수: 1, 2, 3, 4, 6, 9, 12, 18, 36)

4 번호가 적힌 25개의 전구와 버튼이 있습니다. 버튼을 누를 때마다 버튼과 연결되어 있는 전구 중에서 켜진 것은 꺼지고, 꺼진 것은 켜집니다. 오른쪽 설명은 버튼과 전구의 연결된 상태를 나타낸 것입니다. 전구가 모두 꺼져 있는 상태에서 1번부터 25번까지 버튼을 순서대로 한 번씩 눌렀을 때, 켜져 있는 전구의 번호를 모두 쓰시오.　1, 4, 9, 16, 25

버튼을 홀수 번 누르면 전구가 켜지고, 짝수 번 누르면 전구가 꺼집니다. 약수의 개수가 홀수인 수는 제곱수이므로 제곱수인 1, 4, 9, 16, 25가 적힌 전구만 불이 켜져 있습니다.

분수와 규칙

⑩ 분수의 크기

잘난척 요괴가 분수의 비법이 담긴 표를 가지고 있습니다.

잘난척 요괴가 곱셈구구표의 1행과 2행을 이용하여 크기가 같은 분수를 만듭니다.

$$\frac{1}{2}=\frac{2}{4}=\frac{3}{6}=\frac{4}{8}=\frac{5}{10}=\frac{6}{12}=\frac{7}{14}=\frac{8}{16}=\frac{9}{18}$$

곱셈구구표의 2행과 5행을 이용하여 $\frac{2}{5}$ 와 크기가 같은 분수를 만드시오.

$$\frac{2}{5}=\frac{4}{10}=\frac{6}{15}=\frac{8}{20}=\frac{10}{25}=\frac{12}{30}=\frac{14}{35}=\frac{16}{40}=\frac{18}{45}$$

분모가 50보다 작다고 할 때 다음 분수와 크기가 같은 분수를 모두 구하시오.

$$\frac{16}{28}=\frac{4}{7}=\frac{8}{14}=\frac{12}{21}=\frac{20}{35}=\frac{24}{42}=\frac{28}{49}$$

뽀로꾸 포인트

① 크기가 같은 분수를 만들 때에는 그 분수의 분모와 분자에 0이 아닌 같은 수를 곱하거나 나눕니다.

$$\frac{1}{2}=\frac{1\times3}{2\times3}=\frac{3}{6} \qquad \frac{3}{6}=\frac{3\div3}{6\div3}=\frac{1}{2}$$

② 두 분수의 크기를 비교할 때

- 분모가 같으면 분자가 큰 수가 더 큽니다. $\frac{3}{7}<\frac{4}{7}$
- 분자가 같으면 분모가 작은 수가 더 큽니다. $\frac{3}{8}<\frac{3}{7}$
- 분모와 분자의 차가 같으면 분모, 분자가 큰 수가 더 큽니다.

$$\frac{2}{3}<\frac{3}{4} \text{(분모와 분자의 차가 1로 같습니다.)}$$

- 분모, 분자가 모두 다르면 크기가 같은 분수를 이용하여 분모 또는 분자를 같게 한 후 비교합니다.

$$\frac{4}{9}<\frac{2}{3}=\frac{6}{9} \text{(분모를 같게 합니다.)} \qquad \frac{6}{11}<\frac{3}{5}=\frac{6}{10} \text{(분자를 같게 합니다.)}$$

분수의 크기 비교 1

분수의 크기를 비교하는 방법을 알아봅시다. 분수만큼 색칠하고, 알맞은 말에 ○표 하시오.

❶ 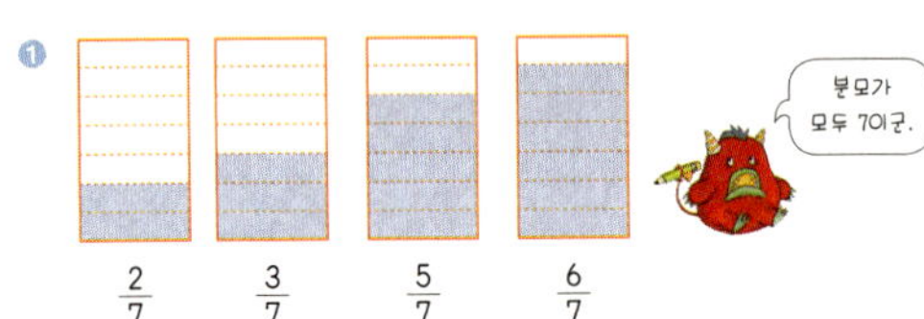

$$\frac{2}{7} \qquad \frac{3}{7} \qquad \frac{5}{7} \qquad \frac{6}{7}$$

분모가 같을 때 분자가 (클수록 , 작을수록) 큰 분수입니다.
제일 아래에서부터 색칠한 부분의 높이를 비교하여 분수의 크기를 비교합니다.

❷ 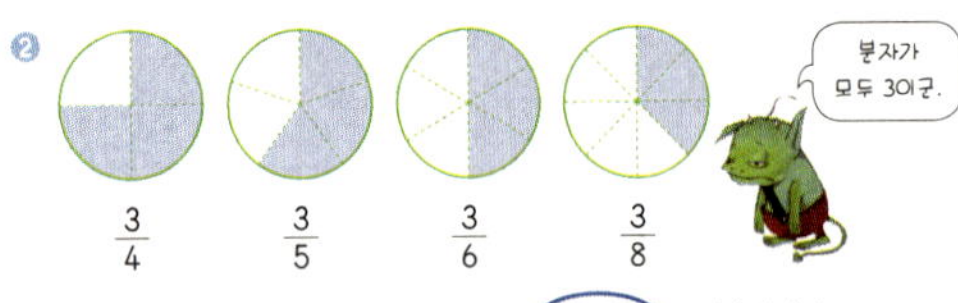

$$\frac{3}{4} \qquad \frac{3}{5} \qquad \frac{3}{6} \qquad \frac{3}{8}$$

분자가 같을 때 분모가 (클수록 , 작을수록) 큰 분수입니다.
기준선으로부터 색칠한 부분의 넓이를 비교하여 분수의 크기를 비교합니다.

❸ 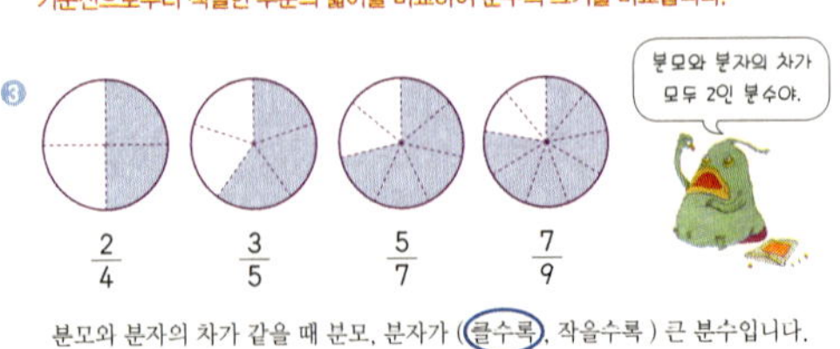

$$\frac{2}{4} \qquad \frac{3}{5} \qquad \frac{5}{7} \qquad \frac{7}{9}$$

분모와 분자의 차가 같을 때 분모, 분자가 (클수록 , 작을수록) 큰 분수입니다.
기준선으로부터 색칠한 부분의 넓이를 비교하여 분수의 크기를 비교합니다.

[분수 토너먼트]

1 선으로 연결된 두 분수의 크기를 비교하여 ⬡ 안에는 큰 분수를, ▭ 안에는 작은 분수를 써넣으시오.

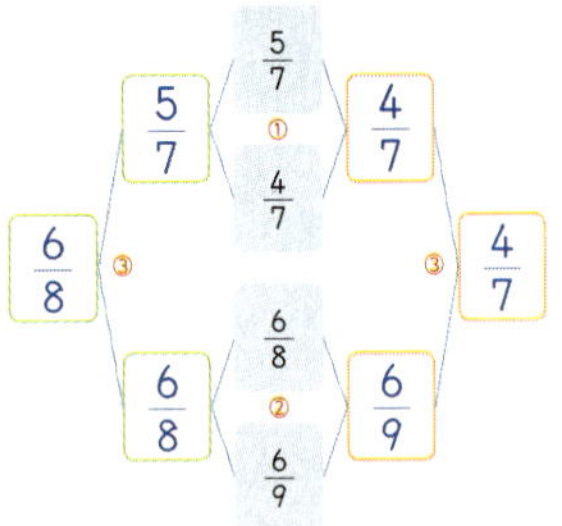

① 분모가 같은 분수는 분자가 클수록 큰 분수입니다.
② 분자가 같은 분수는 분모가 작을수록 큰 분수입니다.
③ 분모, 분자의 차가 같은 분수는 분모, 분자가 클수록 더 큰 분수입니다.

[여러 분수의 크기 비교]

2 다음 분수의 크기를 비교하여 작은 분수부터 차례로 써넣으시오.

$$\frac{6}{9} \qquad \frac{3}{8} \qquad \frac{4}{7} \qquad \frac{4}{8} \qquad \frac{8}{11}$$

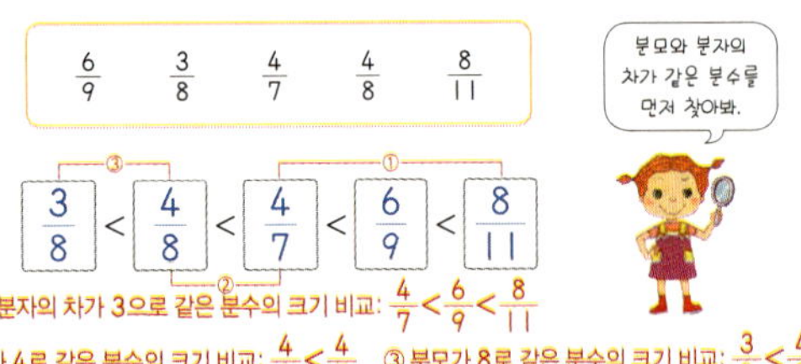

$$\frac{3}{8}<\frac{4}{8}<\frac{4}{7}<\frac{6}{9}<\frac{8}{11}$$

① 분모, 분자의 차가 3으로 같은 분수의 크기 비교: $\frac{4}{7}<\frac{6}{9}<\frac{8}{11}$
② 분자가 4로 같은 분수의 크기 비교: $\frac{4}{8}<\frac{4}{7}$ ③ 분모가 8로 같은 분수의 크기 비교: $\frac{3}{8}<\frac{4}{8}$

🦉 분수의 크기 비교 2

두 분수의 크기를 비교하여 봅시다.

❶ 크기가 같은 분수를 이용하여 분자가 같은 분수로 만들 수 있습니다. ○ 안에 > 또는 <를 써넣으시오.

$$\frac{6}{11} < \frac{3}{5} = \frac{3\times2}{5\times2} = \frac{6}{10}$$

분자가 같은 분수는 분모가 작을수록 큰 수입니다. $\frac{6}{11} < \frac{6}{10}$

❷ 크기가 같은 분수를 이용하여 분모가 같은 분수로 만들고, ○ 안에 > 또는 <를 써넣으시오.

$$\frac{7}{24} < \frac{3}{8} = \frac{3\times3}{8\times3} = \frac{9}{24}$$

분모가 같은 분수는 분자가 클수록 큰 수입니다. $\frac{7}{24} < \frac{9}{24}$

❸ 크기가 같은 분수를 이용하여 분모와 분자의 차가 같은 분수를 만들고, ○ 안에 > 또는 <를 써넣으시오.

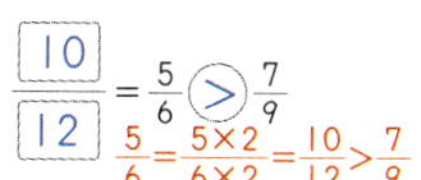

$$\frac{10}{12} = \frac{5}{6} > \frac{7}{9}$$
$$\frac{5}{6} = \frac{5\times2}{6\times2} = \frac{10}{12} > \frac{7}{9}$$

분모, 분자의 차가 모두 2이므로 분모, 분자가 더 큰 $\frac{10}{12}$이 더 큽니다.

[분수의 크기 비교]

1 분수의 크기를 비교하는 방법에 맞게 크기가 같은 분수를 만들고, ○ 안에 > 또는 < 를 써넣으시오.

방법	크기 비교
분자가 같은 분수로 만듭니다. $\frac{1}{8} = \frac{1\times5}{8\times5} = \frac{5}{40}$	$\frac{5}{37}$ > $\frac{1}{8} = \frac{5}{40}$
분모가 같은 분수로 만듭니다. $\frac{4}{9} = \frac{4\times3}{9\times3} = \frac{12}{27}$	$\frac{11}{27}$ < $\frac{4}{9} = \frac{12}{27}$
분모와 분자의 차가 같은 분수로 만듭니다. $\frac{3}{4} = \frac{3\times3}{4\times3} = \frac{9}{12}$	$\frac{8}{11}$ < $\frac{3}{4} = \frac{9}{12}$

[세 분수의 크기 비교]

2 분모 또는 분자가 같은 분수로 만들어 분수의 크기를 비교하려고 합니다. □ 안에는 알맞은 수를, ○ 안에는 > 또는 <를 써넣으시오.

분자가 같은 분수로 만듭니다.

$$\frac{5}{20} = \frac{1}{4} < \frac{5}{14} < \frac{3}{7} = \frac{6}{14}$$

분모가 같은 분수로 만듭니다.

---

⑪ 조건과 분수

지오, 태경, 초이가 분수의 종류에 대해 이야기하고 있습니다.

딴소리, 거꾸로, 멍하니 요괴도 분수의 종류에 대해 이야기하고 있습니다.

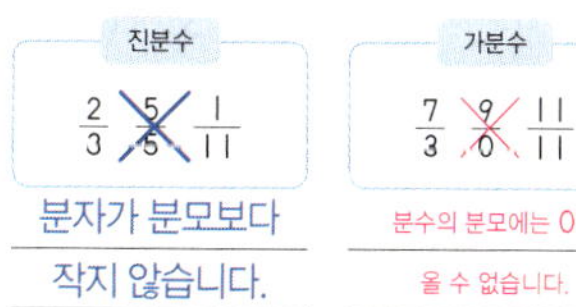

꼬마 요괴들이 각각 말한 분수 중에는 틀린 것이 하나씩 있습니다. 틀린 분수에 ✕표 하고, 이유를 말해 보시오.

진분수	가분수	대분수
$\frac{2}{3}$ ✕$\frac{5}{5}$ $\frac{1}{11}$	$\frac{7}{3}$ ✕$\frac{9}{0}$ $\frac{11}{11}$	✕$5\frac{6}{5}$ $2\frac{7}{10}$ $11\frac{1}{2}$
분자가 분모보다 작지 않습니다.	분수의 분모에는 0이 올 수 없습니다.	$\frac{6}{5}$은 진분수가 아닙니다.

🔵 다음 **조건** 에 맞는 분수를 모두 쓰시오.

조건 자연수 부분이 5보다 작고, 분수 부분이 $\frac{3}{7}$인 대분수

$$1\frac{3}{7},\ 2\frac{3}{7},\ 3\frac{3}{7},\ 4\frac{3}{7}$$

조건 분모가 6인 진분수

$$\frac{1}{6},\ \frac{2}{6},\ \frac{3}{6},\ \frac{4}{6},\ \frac{5}{6}$$

조건 분자는 7이고, 분모는 1보다 큰 가분수

$$\frac{7}{2},\ \frac{7}{3},\ \frac{7}{4},\ \frac{7}{5},\ \frac{7}{6},\ \frac{7}{7}$$

조건 5보다 작고 분모가 2인 대분수

$$1\frac{1}{2},\ 2\frac{1}{2},\ 3\frac{1}{2},\ 4\frac{1}{2}$$

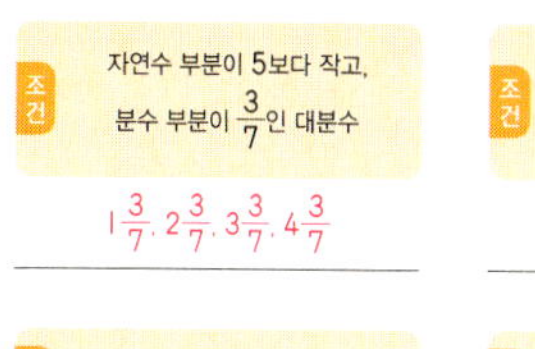
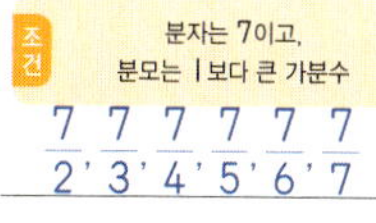

노크 포인트

① 분수에서 가로선의 아래쪽에 있는 수를 분모, 위쪽에 있는 수를 분자라고 합니다. 분수의 분모에는 0을 쓸 수 없습니다.

가로선 → $\frac{3 ← 분자}{8 ← 분모}$

· 분자가 분모보다 작은 분수를 진분수라고 합니다.   예 $\frac{1}{2}$, $\frac{2}{7}$, $\frac{6}{15}$

· 분자가 분모와 같거나 분모보다 큰 분수를 가분수라고 합니다.   예 $\frac{9}{2}$, $\frac{4}{3}$, $\frac{7}{7}$

· 자연수와 진분수로 이루어진 분수를 대분수라고 합니다. 이때 분수 부분은 가분수가 아니라 진분수임에 주의합니다.   예 $3\frac{1}{5}$, $10\frac{3}{12}$, $5\frac{11}{26}$

② 3장의 숫자 카드를 사용하여 다음과 같은 형태의 진분수, 가분수, 대분수를 만들 수 있습니다.

$$\frac{\square}{\square\square},\ \frac{\square\square}{\square},\ \square\frac{\square}{\square}$$

숫자 카드로 여러 가지 분수 만들기

다음 숫자 카드 중 3장을 한 번씩만 사용하여 조건에 맞게 진분수와 가분수, 대분수를 만들어 봅시다.

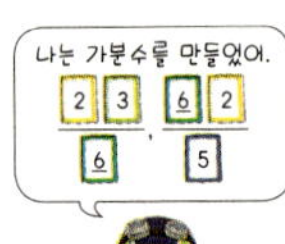

❶ 3장의 숫자 카드를 한 번씩만 사용하여 만들 수 있는 진분수는 $\frac{\square}{\square\square}$, 가분수는 $\frac{\square\square}{\square}$ 형태입니다. 가장 큰 진분수와 가장 큰 가분수를 만들어 보시오.

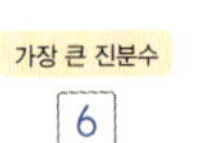

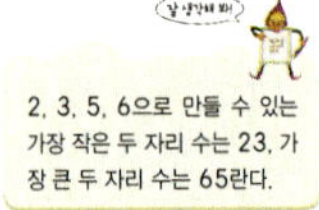

❷ 가장 큰 대분수를 만들려면 자연수 부분의 수가 가장 크고 나머지 수로 가장 큰 진분수를 만들면 됩니다. 가장 큰 대분수를 만들어 보시오.

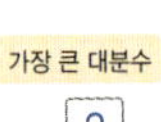

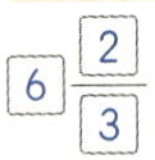

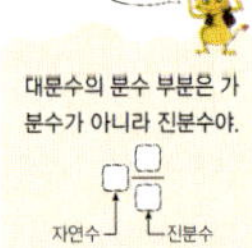

[가장 큰 분수]

1 3장의 숫자 카드 4, 5, 8을 한 번씩 모두 사용하여 가장 큰 진분수, 가장 큰 가분수, 가장 큰 대분수를 만들어 보시오.

가장 큰 진분수: $\dfrac{8}{45}$

가장 큰 가분수: $\dfrac{85}{4}$

가장 큰 대분수: $8\dfrac{4}{5}$

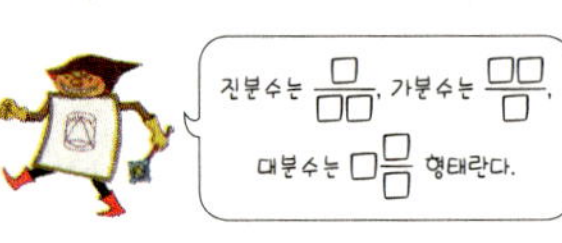

①, ②, ③ 순서로 가장 큰 수를 넣어 진분수, 가분수, 대분수를 만듭니다.

$$\frac{①}{③②}, \frac{①②}{③}, ①\frac{③}{②}$$

[가장 작은 분수]

2 유리 상자 속에 숫자가 적힌 공 5개가 들어 있습니다. 상자에서 공 3개를 뽑아 공에 적힌 숫자를 한 번씩만 사용하여 여러 가지 분수를 만들려고 합니다. 만들 수 있는 가장 작은 진분수, 가장 작은 가분수, 가장 작은 대분수를 쓰시오.

가장 작은 진분수: $\dfrac{2}{75}$

가장 작은 가분수: $\dfrac{20}{7}$

가장 작은 대분수: $2\dfrac{3}{7}$

조건에 맞는 분수 만들기

다음 조건 에 맞는 분수를 모두 알아봅시다.

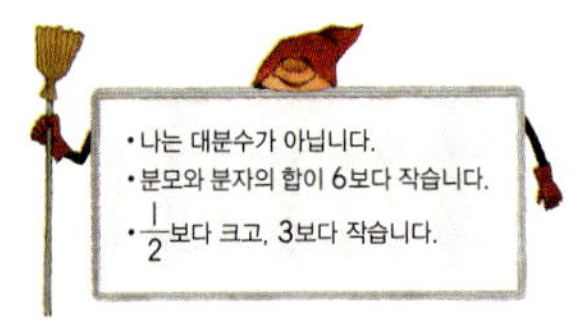

❶ 분모와 분자의 합이 6보다 작은 분수입니다. □ 안에 알맞은 수를 써넣으시오.

• 분모와 분자의 합이 2: $\dfrac{1}{1}$

• 분모와 분자의 합이 3: $\dfrac{1}{2}, \dfrac{2}{1}$

• 분모와 분자의 합이 4: $\dfrac{1}{3}, \dfrac{2}{2}, \dfrac{3}{1}$

• 분모와 분자의 합이 5: $\dfrac{1}{4}, \dfrac{2}{3}, \dfrac{3}{2}, \dfrac{4}{1}$

❷ ❶에서 구한 분수 중에서 $\frac{1}{2}$보다 크고 3보다 작은 분수를 모두 쓰시오.

$$\frac{1}{1}, \frac{2}{1}, \frac{2}{2}, \frac{2}{3}, \frac{3}{2}$$

[분모와 분자의 합과 차]

1 분모와 분자의 합이 17이고 분모와 분자의 차가 11인 진분수와 가분수를 각각 구하시오. $\dfrac{3}{14}, \dfrac{14}{3}$

합이 17, 차가 11인 두 수 중
큰 수는 $(17+11)÷2=14$이고,
작은 수는 $17-14=3$이므로
진분수는 $\dfrac{3}{14}$, 가분수는 $\dfrac{14}{3}$입니다.

[조건에 맞는 분수]

2 다음 조건 에 맞는 분수를 모두 구하시오.

$$\frac{3}{1}, \frac{4}{2}, \frac{4}{1}, \frac{5}{2}, \frac{6}{3}, \frac{5}{1}, \frac{6}{2}, \frac{7}{3}, \frac{8}{4}$$

조건
㉠ • 나는 가분수입니다.
㉡ • 분모와 분자의 차가 1보다 크고, 5보다 작습니다.
㉢ • 2와 같거나 2보다 큽니다.

① ㉠, ㉡을 만족하는 분수를 찾습니다.

• 분모, 분자의 차가 2인 가분수 → $\dfrac{3}{1}, \dfrac{4}{2}, \dfrac{5}{3}, \dfrac{6}{4}, \dfrac{7}{5}, \dfrac{8}{6}$……

• 분모, 분자의 차가 3인 가분수 → $\dfrac{4}{1}, \dfrac{5}{2}, \dfrac{6}{3}, \dfrac{7}{4}, \dfrac{8}{5}, \dfrac{9}{6}$……

• 분모, 분자의 차가 4인 가분수 → $\dfrac{5}{1}, \dfrac{6}{2}, \dfrac{7}{3}, \dfrac{8}{4}, \dfrac{9}{5}, \dfrac{10}{6}$……

② ①에서 찾은 분수 중에서 ㉢을 만족하는 분수를 찾습니다.

$$\frac{3}{1}, \frac{4}{2}, \frac{4}{1}, \frac{5}{2}, \frac{6}{3}, \frac{5}{1}, \frac{6}{2}, \frac{7}{3}, \frac{8}{4}$$

12 분수 규칙

태경, 초이가 분수의 규칙 찾기를 합니다.

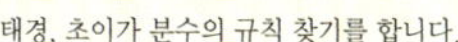

$\dfrac{9}{9}, \dfrac{10}{9}, \dfrac{11}{9}, \dfrac{12}{9}, \dfrac{13}{9}$

$\dfrac{1}{2}, \dfrac{3}{5}, \dfrac{5}{8}, \dfrac{7}{11}, \dfrac{9}{14}$

$\dfrac{9}{9}, 1\dfrac{1}{9}, 1\dfrac{1}{9}, 1\dfrac{3}{9}, 1\dfrac{13}{9}$

올보와 딴소리 요괴도 분수의 규칙 찾기를 합니다. 규칙을 못찾겠다고 올보 요괴는 울고, 딴소리 요괴는 딴소리를 합니다.

$\dfrac{2}{3}, \dfrac{1}{5}, \dfrac{4}{6}, \dfrac{2}{10}, \dfrac{8}{12}$

꼬마 요괴들의 분수의 규칙을 찾아 □ 안에 알맞은 수를 써넣으시오.

$\dfrac{2}{3}, \dfrac{1}{5}, \dfrac{4}{6}, \dfrac{2}{10}, \dfrac{8}{12}, \dfrac{4}{20}$

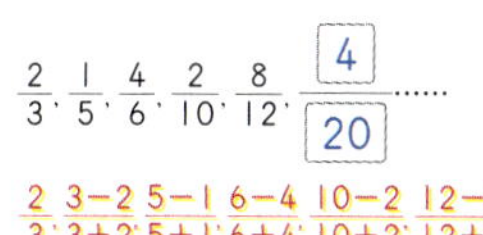

$\dfrac{2}{3}, \dfrac{3-2}{3+2}, \dfrac{5-1}{5+1}, \dfrac{6-4}{6+4}, \dfrac{10-2}{10+2}, \dfrac{12-8}{12+8}\cdots$

분모는 앞 분수의 분모와 분자의 합, 분자는 앞 분수의 분모와 분자의 차입니다.

일정한 규칙에 따라 분수를 늘어놓았습니다. □ 안에 알맞은 수를 써넣으시오.

자연수 1을 앞의 분수와 분모가 같은 가분수로 바꾼 다음, 분모가 같은 분수끼리 묶어서 찾습니다.

$1, \dfrac{1}{2}, 1, \dfrac{1}{3}, \dfrac{2}{3}, 1, \dfrac{1}{4}$ □ □ □

$\rightarrow 1, \left(\dfrac{1}{2}, \dfrac{2}{2}\right), \left(\dfrac{1}{3}, \dfrac{2}{3}, \dfrac{3}{3}\right), \left(\dfrac{1}{4}, \dfrac{2}{4}, \dfrac{3}{4}, \dfrac{4}{4}\right)$

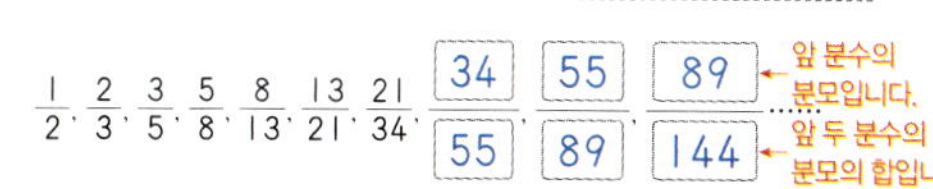

$\dfrac{1}{2}, \dfrac{2}{3}, \dfrac{3}{5}, \dfrac{5}{8}, \dfrac{8}{13}, \dfrac{13}{21}, \dfrac{21}{34}$ □ □ □

노크 포인트

일정한 규칙에 따라 분수가 나열되어 있을 때 규칙을 찾는 방법을 알아보면

분자와 분모로 나누어 각각의 규칙을 찾습니다.

$\dfrac{1}{2}, \dfrac{2}{4}, \dfrac{3}{6}, \dfrac{4}{8}, \dfrac{5}{10}, \dfrac{6}{12}, \dfrac{7}{14}, \dfrac{8}{16}$ ← 분자가 1씩 커집니다. ← 분모가 2씩 커집니다.

분자와 분모의 합 또는 차의 규칙을 찾습니다.

$\dfrac{1}{1}, \dfrac{1}{3}, \dfrac{2}{4}, \dfrac{2}{6}, \dfrac{4}{8}, \dfrac{4}{12}, \dfrac{8}{16}, \dfrac{8}{24}$ ← 앞 분수의 분모와 분자의 차입니다. ← 앞 분수의 분모와 분자의 합입니다.

가분수와 대분수가 섞여 있는 경우 모두 가분수로 바꾸어 규칙을 찾습니다.

분수의 분모 또는 분자가 똑같이 연속하여 나오는 경우, 연속하는 부분을 묶어 규칙을 찾습니다.

$\dfrac{1}{2}, \dfrac{2}{3}, \dfrac{1}{4}, \dfrac{2}{4}, \dfrac{3}{4} \cdots \rightarrow \left(\dfrac{1}{2}\right), \left(\dfrac{1}{3}, \dfrac{2}{3}\right), \left(\dfrac{1}{4}, \dfrac{2}{4}, \dfrac{3}{4}\right)\cdots$

99번째 분수

다음과 같이 분수를 늘어놓을 때 99번째 분수를 구해 봅시다.

$1, \dfrac{12}{10}, 1\dfrac{4}{10}, \dfrac{16}{10}, 1\dfrac{8}{10}, \dfrac{20}{10}, 2\dfrac{2}{10}, \dfrac{24}{10}, 2\dfrac{6}{10}\cdots$

❶ 대분수 또는 자연수, 가분수가 차례로 나옵니다. 99번째 분수의 종류에 ○표 하시오. 홀수 번째에는 대분수 또는 자연수가, 짝수 번째에는 가분수가 나오므로 99번째에는 대분수 또는 자연수가 나옵니다.

⬭ 대분수 또는 자연수   가분수

❷ 자연수와 대분수, 가분수가 섞여 있을 경우에는 모두 가분수로 바꾸면 규칙을 찾기 쉽습니다. 주어진 분수를 모두 분모가 10인 가분수로 바꾸어 쓰시오.

$\dfrac{10}{10}, \dfrac{12}{10}, \dfrac{14}{10}, \dfrac{16}{10}, \dfrac{18}{10}, \dfrac{20}{10}, \dfrac{22}{10}, \dfrac{24}{10}, \dfrac{26}{10}\cdots$

❸ 분자의 규칙을 찾아 99번째 분수의 분자를 쓰시오. 206

분모가 10이고 분자가 2씩 커지는 규칙이 있습니다. 따라서 99번째 분수의 분자는 $10 + 2 \times 98 = 206$입니다.

❹ 99번째 분수의 종류에 맞게 99번째 분수를 구하시오. $20\dfrac{6}{10}$

99번째 분수는 대분수 또는 자연수이므로 $\dfrac{206}{10} = 20\dfrac{6}{10}$입니다.

[11번째 분수]

1 다음과 같은 규칙으로 분수를 늘어놓을 때 11번째 분수를 구하시오. $13\dfrac{1}{10}$

$1\dfrac{1}{10}, 2\dfrac{3}{10}, 3\dfrac{5}{10}, 4\dfrac{7}{10}, 5\dfrac{9}{10}, 7\dfrac{1}{10}, 8\dfrac{3}{10}, 9\dfrac{5}{10}, 10\dfrac{7}{10}\cdots$

대분수를 모두 가분수로 바꾸면 분자가 12씩 커지는 것을 알 수 있습니다.

$\dfrac{11}{10}, \dfrac{23}{10}, \dfrac{35}{10}, \dfrac{47}{10}, \dfrac{59}{10} \cdots \dfrac{119}{10}, \dfrac{131}{10}$

1번째 2번째 3번째 4번째 5번째   10번째 11번째

따라서 11번째 분수는 $\dfrac{131}{10} = 13\dfrac{1}{10}$입니다.

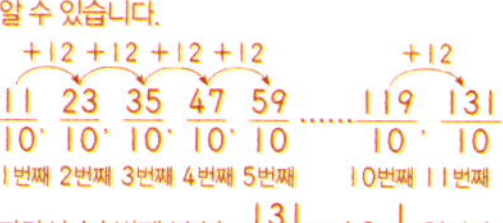

[50번째 분수]

2 다음과 같이 분수를 늘어놓을 때 50번째 분수를 구하시오. $19\dfrac{4}{8}$

$\dfrac{9}{8}, 1\dfrac{4}{8}, \dfrac{15}{8}, 2\dfrac{2}{8}, \dfrac{21}{8}, 3, \dfrac{27}{8}, 3\dfrac{6}{8}\cdots$

50번째 분수는 대분수 또는 자연수입니다. 모두 가분수로 나타내면 분자가 3씩 커지는 규칙을 알 수 있습니다.

$\dfrac{9}{8}, \dfrac{12}{8}, \dfrac{15}{8}, \dfrac{18}{8}, \dfrac{21}{8}, \dfrac{24}{8}, \dfrac{27}{8}, \dfrac{30}{8}$

따라서 50번째 분수는 $\dfrac{9 + 3 \times 49}{8} = \dfrac{156}{8} = 19\dfrac{4}{8}$입니다.

몇 번째 분수 찾기

92
93

다음과 같은 규칙으로 분수를 늘어놓을 때, 1과 크기가 같은 분수는 몇 번째인지 알아봅시다.

$$\frac{1}{50},\ \frac{3}{51},\ \frac{5}{52},\ \frac{7}{53},\ \frac{9}{54},\ \frac{11}{55},\ \frac{13}{56}\cdots\cdots$$

❶ 분수의 분모와 분자의 차를 구하여 ☐ 안에 써넣으시오.

$$\frac{1}{50} \rightarrow 49 \qquad \frac{3}{51} \rightarrow \boxed{48} \qquad \frac{5}{52} \rightarrow \boxed{47} \qquad \frac{7}{53} \rightarrow \boxed{46}$$

규칙 분수의 분모와 분자의 차가 $\boxed{1}$ 씩 작아집니다.

❷ 분모와 분자의 차가 0이 되는 것은 몇 번째입니까? **50번째**

$49, 48, 47, 46, 45\cdots\cdots 0$

$\rightarrow 50-1,\ 50-2,\ 50-3,\ 50-4,\ 50-5\cdots\cdots 50-50$
1번째　2번째　3번째　4번째　5번째　　50번째

❸ 1과 크기가 같은 분수는 몇 번째입니까? **50번째**

분모와 분자의 차가 0이면 분모와 분자의 수가 같으므로 1이 됩니다.

[몇 번째 분수]

1 다음과 같이 분수를 늘어놓을 때 $\frac{5}{6}$ 는 몇 번째입니까? **20번째**

$$1,\ \frac{1}{2},\ 1,\ \frac{1}{3},\ \frac{2}{3},\ 1,\ \frac{1}{4},\ \frac{2}{4},\ \frac{3}{4},\ 1\cdots\cdots$$

자연수를 가분수로 고치고 분모가 같은 분수끼리 묶어서 규칙을 찾습니다.

$$\frac{1}{1},\ \left(\frac{1}{2},\ \frac{2}{2}\right),\ \left(\frac{1}{3},\ \frac{2}{3},\ \frac{3}{3}\right),\ \left(\frac{1}{4},\ \frac{2}{4},\ \frac{3}{4},\ \frac{4}{4}\right),$$
$$\left(\frac{1}{5},\ \frac{2}{5},\ \frac{3}{5},\ \frac{4}{5},\ \frac{5}{5}\right),\ \left(\frac{1}{6},\ \frac{2}{6},\ \frac{3}{6},\ \frac{4}{6},\ \boxed{\frac{5}{6}},\ \frac{6}{6}\right),$$

따라서 $\frac{5}{6}$ 는 20번째입니다.

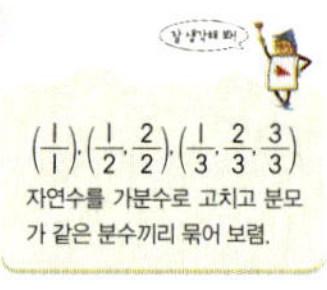

[첫 번째 가분수]

2 다음과 같은 규칙으로 분수를 늘어놓을 때 가분수가 나오는 것은 몇 번째입니까? **21번째**

$$\frac{2}{99},\ \frac{5}{97},\ \frac{8}{95},\ \frac{11}{93},\ \frac{14}{91},\ \frac{17}{89},\ \frac{20}{87}\cdots\cdots$$

분모와 분자의 차를 이용하여 찾아보면 차가 5씩 작아지는 규칙을 알 수 있습니다.

$97, 92, 87, 82, 77\cdots\cdots 2$

$\rightarrow 97,\ 97-5,\ 97-5\times 2,\ 97-5\times 3,\ 97-5\times 4\cdots\cdots 97-5\times 19$
1번째　2번째　3번째　　4번째　　5번째　　　　20번째

따라서 21번째에 가분수가 나옵니다.

94
95

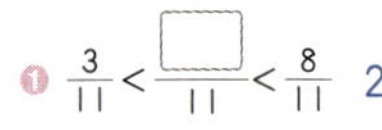 창의적 문제해결력

1 다음 ☐ 안에 들어갈 수 있는 수의 합을 구하시오.

❶ $\frac{3}{11} < \dfrac{\boxed{}}{11} < \frac{8}{11}$ **22**

분모가 같으면 분자가 클수록 큰 수이므로 ☐ 안에 들어갈 수 있는 수는 4, 5, 6, 7입니다.

$4+5+6+7=22$

❷ $\frac{5}{12} < \dfrac{5}{\boxed{}}$ **66**

분자가 같으면 분모가 작을수록 더 큰 수이므로 ☐ 안에 들어갈 수 있는 수는 1, 2, 3, 4$\cdots\cdots$10, 11입니다.

$1+2+3+\cdots\cdots+10+11=66$

2 다음 숫자 카드 중 3장을 골라 한 번씩만 사용하여 만들 수 있는 10보다 작은 가분수는 모두 몇 개입니까? **12개**

$$\boxed{2}\ \boxed{3}\ \boxed{5}\ \boxed{6}$$

① 분모가 2인 가분수는 모두 10보다 크므로 만들 수 없습니다.

② 분모가 3인 가분수가 10보다 작으려면 분자는 30보다 작아야 합니다.

$\dfrac{25}{3},\ \dfrac{26}{3} \rightarrow$ 2개

③ 분모가 5인 가분수가 10보다 작으려면 분자는 50보다 작아야 합니다.

$\dfrac{23}{5},\ \dfrac{32}{5},\ \dfrac{26}{5},\ \dfrac{36}{5} \rightarrow$ 4개

④ 분모가 6인 가분수가 10보다 작으려면 분자는 60보다 작아야 합니다.

$\dfrac{23}{6},\ \dfrac{32}{6},\ \dfrac{25}{6},\ \dfrac{52}{6},\ \dfrac{35}{6},\ \dfrac{53}{6} \rightarrow$ 6개

따라서 모두 $2+4+6=12$(개)입니다.

🎥 동영상 특강
QR 코드를 찍어 보세요!!!

3 분모와 분자의 합이 15인 가분수를 대분수로 나타내었더니 자연수 부분이 2가 되었습니다. 이 가분수를 구하시오. $\dfrac{11}{4}$

분모와 분자의 합이 15인 가분수는 $\dfrac{14}{1},\ \dfrac{13}{2},\ \dfrac{12}{3},\ \dfrac{11}{4},\ \dfrac{10}{5},\ \dfrac{9}{6},\ \dfrac{8}{7}$ 입니다.

이 중에서 대분수의 자연수 부분이 2가 되는 가분수는 $\dfrac{11}{4}=2\dfrac{3}{4}$ 입니다.

분모와 분자의 합이 차례로 2, 3, 4, 5$\cdots\cdots$인 분수끼리 묶어 규칙을 찾습니다.

$$\left(\frac{1}{1}\right),\ \left(\frac{2}{1},\ \frac{1}{2}\right),\ \left(\frac{3}{1},\ \frac{2}{2},\ \frac{1}{3}\right),\ \left(\frac{4}{1},\ \frac{3}{2},\ \frac{2}{3},\ \frac{1}{4}\right),\ \left(\frac{5}{1},\ \cdots\cdots\right)$$

같은 곳에 묶인 분수의 분모는 1씩 커지고, 분자는 1씩 작아집니다.

4 다음은 일정한 규칙에 따라 분수를 늘어놓은 것입니다. 규칙을 찾아 ☐ 안에 알맞은 수를 써넣으시오.

❶ $$\frac{1}{1},\ \frac{2}{1},\ \frac{1}{2},\ \frac{3}{1},\ \frac{2}{2},\ \frac{1}{3},\ \frac{4}{1},\ \frac{3}{2},\ \frac{2}{3},\ \frac{1}{4},\ \frac{5}{1},\ \dfrac{\boxed{4}}{\boxed{2}}\cdots\cdots$$

❷ $$\frac{20}{1},\ \frac{21}{3},\ \frac{24}{5},\ \frac{29}{7},\ \frac{36}{9},\ \frac{45}{11},\ \dfrac{\boxed{56}}{\boxed{13}}\cdots\cdots$$

분자는 앞 분수의 분자와 분모의 합입니다.
분모는 2씩 커집니다.

❸ $$\frac{1}{3},\ \frac{1}{3},\ \frac{2}{6},\ \frac{3}{9},\ \frac{5}{15},\ \frac{8}{24},\ \dfrac{\boxed{13}}{\boxed{39}}\cdots\cdots$$

분자는 앞의 연속한 두 분수의 분자의 합입니다.
분모는 앞의 연속한 두 분수의 분모의 합입니다.

따라서 $\dfrac{5}{15},\ \dfrac{8}{24}$ 다음에는 $\dfrac{5+8}{15+24}=\dfrac{13}{39}$ 이 나옵니다.

정답 및 해설 **21**

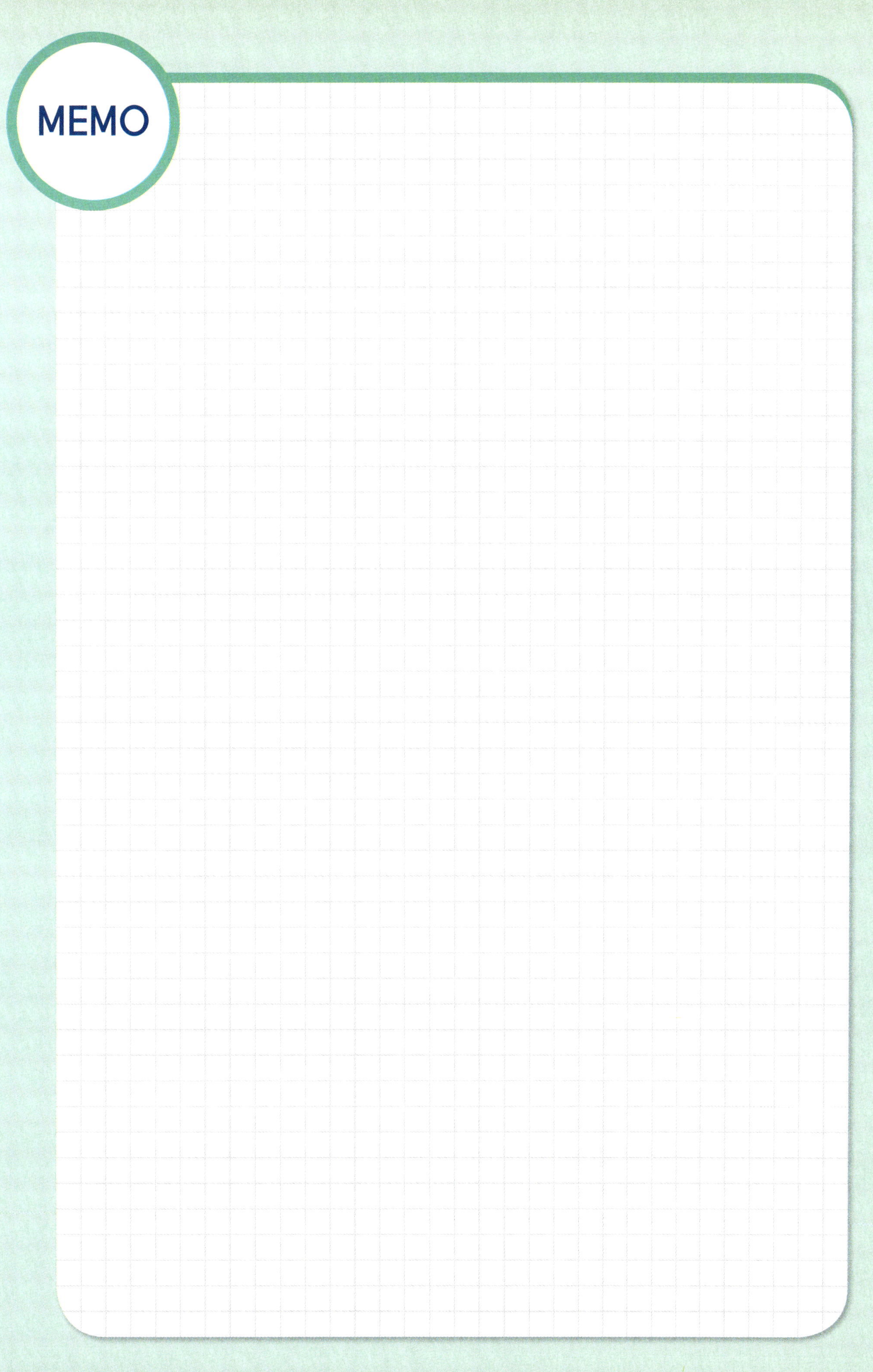
MEMO

MEMO

MEMO

1 같은 숫자 카드가 2장씩 모두 4장의 카드가 있습니다. 이 숫자 카드를 한 번씩 모두 사용하여 만들 수 있는 네 자리 수를 모두 쓰시오.

2 다음과 같은 숫자 카드가 있습니다. 이 숫자 카드를 한 번씩 모두 사용하여 만들 수 있는 네 자리 수의 개수를 구하시오.

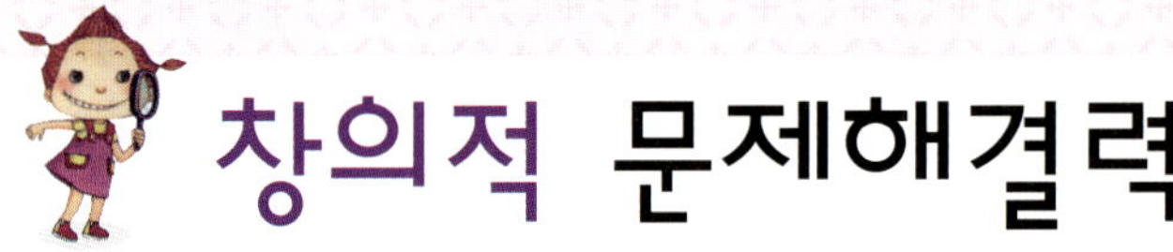

창의적 문제해결력

1 다음과 같이 1부터 101까지의 수를 차례대로 쓸 때 숫자 1과 0을 각각 몇 번씩 쓰는지 구하시오.

> 1 2 3 4 5 6 7 8 9 10 11 …… 99 100 101

2 1쪽부터 202쪽까지 있는 책을 인쇄하는데 활자 인쇄기가 고장나서 쪽수 표시에서 숫자 2가 모두 지워졌습니다. 지워진 숫자는 모두 몇 개입니까?

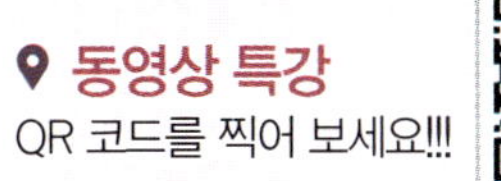

3 1부터 999까지의 수 중에서 55, 155, 552와 같이 숫자 5가 붙어 있는 수는 모두 몇 개입니까?

4 다음 숫자 카드를 한 번씩 모두 사용하여 네 자리 수를 만들 때 5000보다 작은 수는 모두 몇 개입니까?

배수와 약수

배수판정법

초이가 엄마 심부름으로 식료품점에 다녀왔습니다.

초이 집에 놀러 왔던 아인이가 영수증을 보며 말합니다.

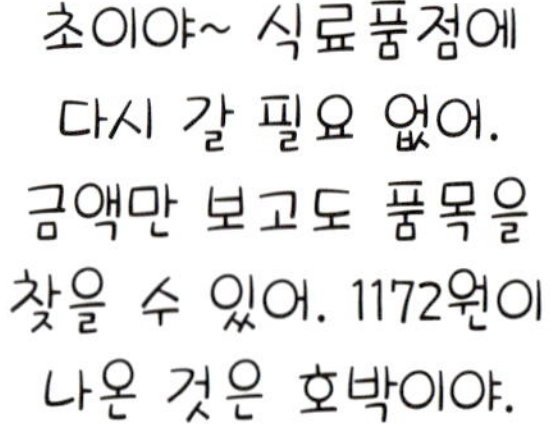

아인이의 방법을 이용하여 지워진 영수증을 복원하여 보시오.

품목	단가(원)	개수(개)	금액(원)
호박	293	4	1172
			2485
			1113
합계(원)			4770

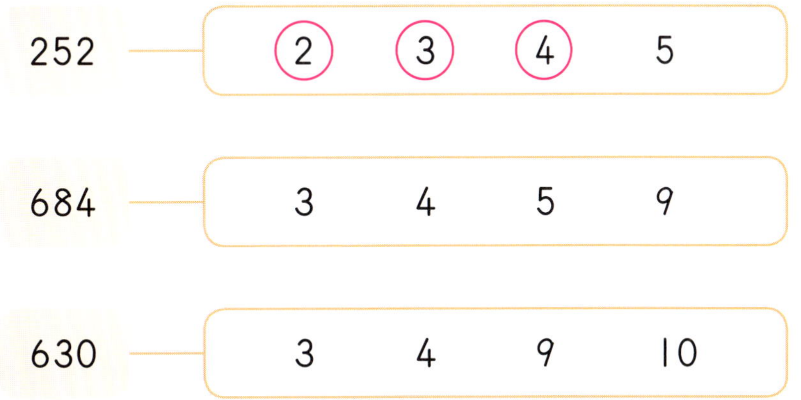

어떤 수를 |배, 2배, 3배…… 한 수를 어떤 수의 배수라고 합니다. 왼쪽 수는 어떤 수의 배수인지 모두 찾아 ◯표 하시오.

252 ── ②　③　④　5

684 ── 3　4　5　9

630 ── 3　4　9　10

어떤 수를 |배, 2배, 3배…… 한 수를 배수라고 합니다.

▢의 배수, ▢로 나누어떨어지는 수, ▢를 곱한 수, ▢를 여러 번 더한 수는 모두 같은 뜻입니다.

직접 나누어 보지 않고 배수를 알 수 있는 방법을 배수판정법이라 합니다.

배수	배수판정법	
2의 배수	일의 자리 숫자가 0, 2, 4, 6, 8입니다.	예 346, 510, 102
5의 배수	일의 자리 숫자가 0, 5입니다.	예 105, 530, 995
10의 배수	일의 자리 숫자가 0입니다.	예 200, 950, 370
4의 배수	끝의 두 자리 수가 00 또는 4의 배수입니다.	예 500, 736, 504
3의 배수	각 자리 숫자의 합이 3의 배수입니다.	예 651→6+5+1=12(3의 배수)
9의 배수	각 자리 숫자의 합이 9의 배수입니다.	예 765→7+6+5=18(9의 배수)

배수의 규칙

나누어 보지 않고 배수를 알아봅시다.

① 다음은 여러 가지 수를 곱해서 2, 5, 10의 배수를 만든 것입니다.

×	2	3	10	11	20	21	98	99
2의 배수	4	6	20	22	40	42	196	198
5의 배수	10	15	50	55	100	105	490	495
10의 배수	20	30	100	110	200	210	980	990

위에서 구한 배수의 일의 자리 숫자를 모두 쓰고, 규칙을 말해 보시오.

	일의 자리 숫자	규칙
2의 배수	4, 6, 0, 2, 0, 2, 6, 8	일의 자리 숫자가 모두 짝수입니다.
5의 배수		
10의 배수		

② 다음은 3과 9의 배수를 만든 것입니다.

×	2	3	10	11	20	21	98	99
3의 배수	6	9	30	33	60	63	294	297
9의 배수	18	27	90	99	180	189	882	891

위에서 구한 배수의 각 자리 숫자의 합을 모두 구하고, 규칙을 말해 보시오.

	각 자리 숫자의 합	규칙
3의 배수		
9의 배수		

1 다음은 4의 배수를 만든 것입니다. 4의 배수의 끝의 두 자리 수를 모두 쓰고, 규칙을 말해 보시오.

×	25	26	27	30	35	49	100	250	265	304
4의 배수	100	104	108	120	140	196	400	1000	1060	1216

끝의 두 자리 수

00, 04

규칙

2 배수판정법을 이용하여 다음 수가 어떤 수의 배수인지 표의 빈칸에 쓰시오.

36	180	300	297	801	724	555

2의 배수	3의 배수	4의 배수	5의 배수	9의 배수
36				
180				
300				
724				

배수판정법의 활용

주어진 네 자리 수가 두 수의 배수가 되도록 ◆, ●가 될 수 있는 숫자를 알아봅시다.

3과 4의 배수	4와 9의 배수
427◆	59●4

❶ 3의 배수가 되기 위해서는 각 자리 숫자의 합이 3의 배수가 되어야 합니다. 427◆ 이 3의 배수일 때 ◆가 될 수 있는 숫자를 모두 구하시오.

$$4+2+7+◆=13+◆$$

❷ 4의 배수가 되기 위해서는 끝의 두 자리 수가 00 또는 4의 배수가 되어야 합니다. 427◆가 4의 배수일 때 ◆이 될 수 있는 수를 모두 구하시오.

❸ 427◆이 3과 4의 배수일 때 ◆이 될 수 있는 숫자를 구하시오.

❹ 같은 방법으로 59●4가 4와 9의 배수일 때 ●가 될 수 있는 숫자를 구하시오.

1 다음 숫자 카드 중 3장을 사용하여 2의 배수도 되고 9의 배수도 되는 세 자리 수를 모두 만드시오.

2 초이네 모둠 12명은 모두 같은 금액의 돈을 내어서 불우 이웃 돕기 성금을 모았습니다. 모은 돈이 모두 344◆0원일 때, ◆가 될 수 있는 숫자를 구하시오.

8 약수

딴짓 요괴, 페르마 요정, 아인이가 수학 대결을 합니다.

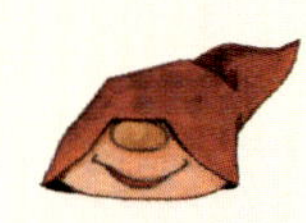

난짓 요괴   페르마 요정

아인

어떤 수를 나누어떨어지게 하는 수를 약수라고 한다.
다음과 같이 8을 어떤 수로 나눌 때
이 중 8을 나누어떨어지게 하는 수 1, 2, 4, 8이 8의 약수가 된다.

$$8 \div 1 = 8 \qquad 8 \div 2 = 4 \qquad 8 \div 3 = 2 \cdots 2 \qquad 8 \div 4 = 2$$
$$8 \div 5 = 1 \cdots 3 \qquad 8 \div 6 = 1 \cdots 2 \qquad 8 \div 7 = 1 \cdots 1 \qquad 8 \div 8 = 1$$

100의 약수를 구하라.

문제를 보고 가장 빨리 아인이가 100의 약수를 모두 구했습니다.

100=1X100, 100=2X50,
100=4X25,   100=5X20,
100=10X10
따라서 100의 약수는 1, 2, 4,
5, 10, 20, 25, 50, 100이야.

18을 두 수의 곱으로 나타내었습니다. 곱으로 나타낸 수 1, 2, 3, 6, 9, 18로 18을 나누면 나누어떨어집니다. 따라서 1, 2, 3, 6, 9, 18은 18의 약수입니다.
같은 방법으로 24를 두 수의 곱으로 나타내고 약수를 구하시오.

$$18 = 1 \times 18 \qquad 18 = 2 \times 9 \qquad 18 = 3 \times 6$$

두 수의 곱   약수

$$24 = \boxed{1} \times \boxed{} \ \Rightarrow \ 1, 24$$
$$ = \boxed{2} \times \boxed{} \ \Rightarrow \ \rule{3cm}{0.4pt}$$
$$ = \boxed{} \times \boxed{} \ \Rightarrow \ \rule{3cm}{0.4pt}$$
$$ = \boxed{} \times \boxed{} \ \Rightarrow \ \rule{3cm}{0.4pt}$$

노크 포인트

어떤 수를 나누어떨어지게 하는 수를 그 수의 약수라고 합니다.
8을 1, 2, 4, 8로 나누면 나누어떨어집니다. 따라서 1, 2, 4, 8은 8의 약수입니다.

어떤 수를 두 수의 곱으로 나타내어 약수를 구할 수 있습니다.
36은 다음과 같이 두 수의 곱으로 나타낼 수 있습니다.

$$36 = 1 \times 36 \qquad 36 = 2 \times 18 \qquad 36 = 3 \times 12$$
$$36 = 4 \times 9 \qquad 36 = 6 \times 6$$

→ 1, 2, 3, 4, 6, 9, 12, 18, 36은 36의 약수입니다.

수 상자 복원하기

보기 와 같이 수 상자에 2부터 9까지의 수를 가로, 세로로 두 수씩 써넣고, 두 수의 곱을 수 상자의 오른쪽과 아래에 씁니다. 꼬마 요괴가 지워버린 수 상자 안의 수를 모두 복원하시오.

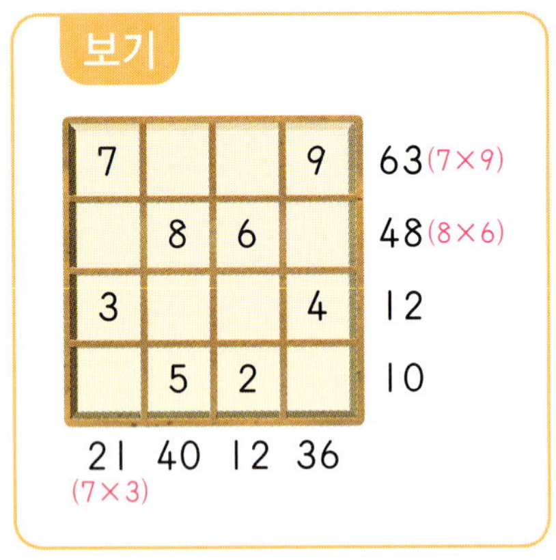

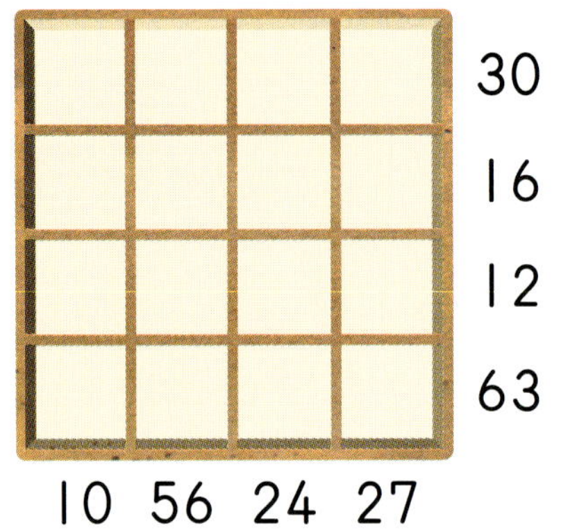

❶ 상자의 밖에 쓰여진 수의 약수를 ☐ 안에 모두 쓰시오.
(단, 2부터 9까지의 수만 씁니다.)

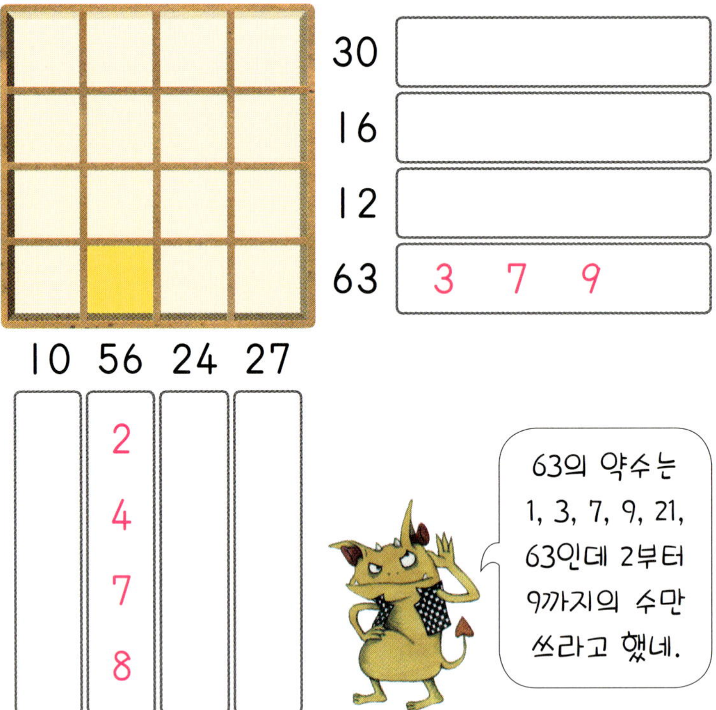

❷ ❶의 색칠한 칸 🟨 안에는 가로, 세로로 공통의 약수 7이 들어갑니다. ❶에서 구한 약수를 이용하여 수 상자의 지워진 수를 다시 채워 넣으시오.

1 가로, 세로로 두 수의 곱이 아래와 오른쪽에 있는 수가 되도록 2부터 9까지의 수를 한 번씩 써넣으시오.

2 직사각형 모양의 땅에 크기가 같은 작은 정사각형 모양 타일을 빈틈없이 깔려고 합니다. 아래에 쓰여진 수는 나누어진 땅에 깔릴 정사각형 모양 타일의 개수라 할 때, 파란색으로 색칠한 땅에 깔릴 타일의 개수를 구하시오.

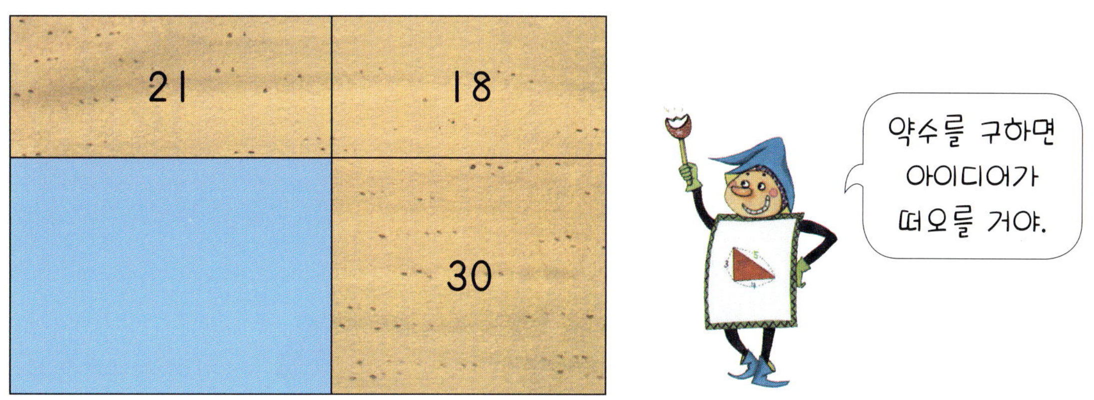

부족수, 과잉수

자신을 제외한 약수의 합이 자신보다 작으면 부족수, 자신보다 크면 과잉수라고 합니다.

표를 완성하여 주어진 수가 부족수인지 과잉수인지 알아보시오.

수	자신을 제외한 약수	자신을 제외한 약수의 합과 크기 비교	부족수/과잉수
9	1, 3	$1+3=4<9$	부족수
10			
16			
18			
20			
24			
32			

[조건과 약수]

1 꼬마 요괴들이 말하는 조건을 모두 만족하는 수를 구하시오.

[완전수]

2 6의 약수는 1, 2, 3, 6이고 자신을 제외한 나머지 약수의 합은 1＋2＋3＝6으로 자기 자신과 같습니다. 고대 그리스 사람들은 6과 같이 자신을 제외한 약수의 합이 자신이 되는 수를 '완전수'라고 불렀습니다. 두 자리 수 중 완전수는 하나밖에 없고 20보다 크고 30보다 작습니다. 이 수를 찾아보시오.

9 사물함 열고 닫기

요괴 나라 마법 학교의 교실 복도에는 1번부터 30번까지 순서대로 번호가 적힌 사물함이 있습니다. 1번부터 30번까지 번호표를 든 요괴들이 차례대로 복도를 지나가면서 사물함을 다음과 같이 열고 닫습니다.

1번 번호표를 든 요괴는 사물함 문을 모두 엽니다.
2번 번호표를 든 요괴는 2의 배수인 사물함 문을 열린 것은 닫고, 닫힌 것은 엽니다.
3번 번호표를 든 요괴는 3의 배수인 사물함 문을 열린 것은 닫고, 닫힌 것은 엽니다.
4번 번호표를 든 요괴는 4의 배수인 사물함 문을 열린 것은 닫고, 닫힌 것은 엽니다.
⋮

이런 식으로 30번 번호표를 든 요괴까지 모두 복도를 지나갔습니다.

멍하니 요괴

잘난척 요괴

잘난척 요괴의 9번 사물함은 열려 있습니까, 닫혀 있습니까?

다음 수의 약수와 약수의 개수를 구하시오. 또, 약수의 개수가 짝수 개인지, 홀수 개인지 쓰시오.

수	약수	약수의 개수	짝수/홀수
3	1, 3	2	짝수
6			
9			
12			
15			
16			
17			

노크 포인트

① 약수가 1과 자기 자신밖에 없는 수를 소수라고 합니다.

20보다 작은 소수는 2, 3, 5, 7, 11, 13, 17, 19로 1은 소수가 아니고, 가장 작은 소수는 2입니다. 소수의 약수는 2개입니다.

② 8과 같이 자기 자신을 제외한 약수의 곱이 자신이 되는 수를 곱완전수라고 합니다.

$$8의 약수: 1, 2, 4, 8$$
$$자신을 제외한 약수의 곱: 1×2×4=8$$

곱완전수의 약수의 개수는 4개입니다.

③ 1, 4, 9, 16……과 같이 같은 수를 곱해서 나온 수를 제곱수라고 합니다.

$$1×1=1, 2×2=4, 3×3=9, 4×4=16……$$

제곱수의 약수의 개수는 홀수 개입니다.

에라토스테네스의 체

5의 약수는 1과 5입니다. 이와 같이 약수가 1과 자기 자신밖에 없는 수를 **소수**라고 합니다.
따라서 소수의 약수는 2개뿐입니다. 50보다 작은 소수를 모두 찾아봅시다.

❶ 1부터 50까지의 수 중에서 소수를 찾는 방법입니다. 방법에 따라 수에 ✕표 하시오.

- 1은 소수가 아니므로 ✕표 합니다.
- 2를 제외한 2의 배수에 모두 ✕표 합니다.
- 3을 제외한 3의 배수에 모두 ✕표 합니다.
- 4는 이미 지워졌으므로 다음 수로 넘어갑니다.
- 5를 제외한 5의 배수에 모두 ✕표 합니다.
  ⋮

같은 방법으로 남은 수 중 첫 수는 남기고, 그 수의 배수는 모두 찾아 ✕표 합니다.

이 방법을 에라토스테네스의 체라고 해.

✕1	2	3	✕4	5	✕6	7	✕8	9	✕10
11	12	13	14	15	16	17	18	19	20
21	22	23	24	25	26	27	28	29	30
31	32	33	34	35	36	37	38	39	40
41	42	43	44	45	46	47	48	49	50

❷ 1부터 50까지의 수 중 소수는 모두 15개입니다. 소수를 모두 찾아 쓰시오.

1 보기 와 같이 다음 수를 세 소수의 합으로 나타내시오.

> **보기**
>
> $8 = 2 + 3 + 3$ $10 = 2 + 3 + 5$

$18 = \boxed{} + \boxed{} + \boxed{}$ $25 = \boxed{} + \boxed{} + \boxed{}$

[조건과 소수]

2 다음 조건 을 모두 만족하는 두 수를 구하시오.

> **조건**
>
> • 두 수 모두 소수입니다.
> • 두 수의 합은 33입니다.

곱완전수와 제곱수

자기 자신을 제외한 약수의 곱이 자신이 되는 수를 **곱완전수**라고 합니다. 다음 수 중에서 곱완전수를 찾고, 곱완전수가 되기 위한 조건을 알아봅시다.

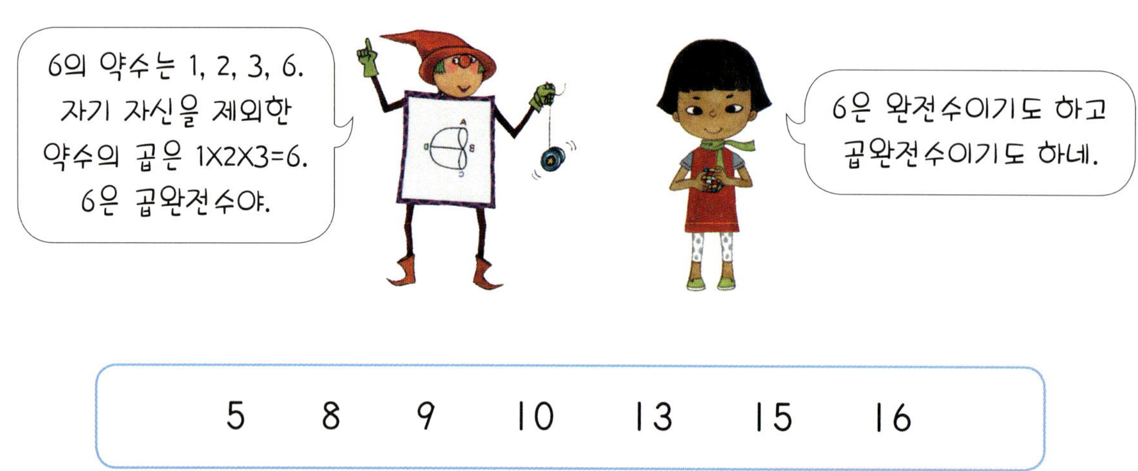

| 5 | 8 | 9 | 10 | 13 | 15 | 16 |

❶ 약수와 약수의 개수를 구하고, 곱완전수가 되는지 알아보시오.

수	약수	약수의 개수	자신을 제외한 약수의 곱	곱완전수
5	1, 5	2	1	×
8	1, 2, 4, 8	4	1×2×4=8	○
9				
10				
13				
15				
16				

❷ 곱완전수를 모두 찾아 쓰고, 곱완전수가 되기 위한 조건을 약수의 개수로 설명하시오.

1 20부터 30까지의 수 중에서 곱완전수는 모두 몇 개입니까?

2 ㅣ, 4, 9, ㅣ6……과 같이 같은 수를 곱해서 나온 수를 제곱수라고 합니다. 제곱수의 약수의 개수는 어떤 규칙이 있는지 쓰시오.

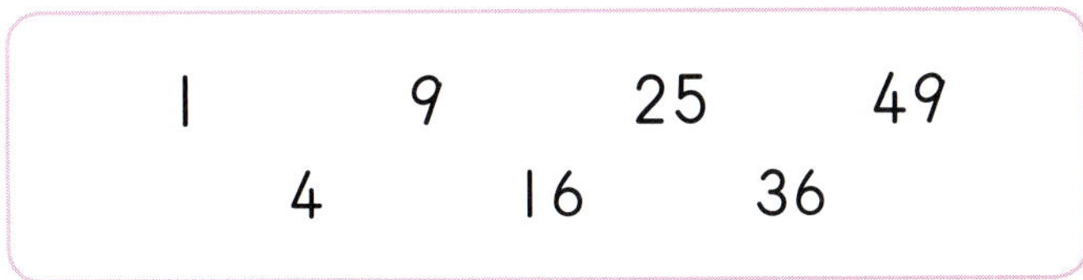

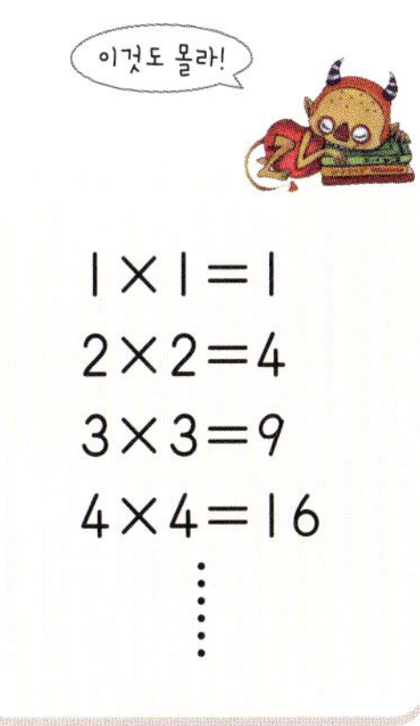

창의적 문제해결력

1 주어진 숫자 카드 중 3장을 뽑아 한 번씩만 사용하여 2의 배수도 되고 3의 배수도 되는 세 자리 수를 모두 만드시오.

2 올림픽은 4년마다 열리고 2016년은 올림픽이 열리는 해입니다. 앞으로도 변함없이 4년마다 올림픽이 열린다고 할 때, 다음 중 올림픽이 열리는 해를 모두 찾아 ○표 하시오.

2020년	3074년	5000년	2996년
4002년	2222년	2111년	

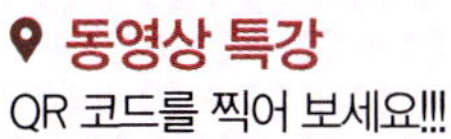

3 다음 조건 을 모두 만족하는 수를 구하시오.

> **조건**
>
> 이 수는 4의 배수입니다.
> 이 수는 72의 약수입니다.
> 이 수의 약수 중 세 번째 큰 수는 12입니다.

4 번호가 적힌 25개의 전구와 버튼이 있습니다. 버튼을 누를 때마다 버튼과 연결되어 있는 전구 중에서 켜진 것은 꺼지고, 꺼진 것은 켜집니다. 오른쪽 설명은 버튼과 전구의 연결된 상태를 나타낸 것입니다. 전구가 모두 꺼져 있는 상태에서 1번부터 25번까지 버튼을 순서대로 한 번씩 눌렀을 때, 켜져 있는 전구의 번호를 모두 쓰시오.

1번 버튼은 모든 전구에 연결되어 있습니다.
2번 버튼은 2의 배수인 전구와 연결되어 있습니다.
3번 버튼은 3의 배수인 전구와 연결되어 있습니다.
⋮
25번 버튼은 25의 배수인 전구와 연결되어 있습니다.

Chapter 4

분수와 규칙

10 분수의 크기

잘난척 요괴가 분수의 비법이 담긴 표를 가지고 있습니다.

×	1	2	3	4	5	6	7	8	9
1	1	2	3	4	5	6	7	8	9
2	2	4	6	8	10	12	14	16	18
3	3	6	9	12	15	18	21	24	27
4	4	8	12	16	20	24	28	32	36
5	5	10	15	20	25	30	35	40	45
6	6	12	18	24	30	36	42	48	54
7	7	14	21	28	35	42	49	56	63
8	8	16	24	32	40	48	56	64	72
9	9	18	27	36	45	54	63	72	81

울보 요괴

잘난척 요괴

잘난척 요괴가 곱셈구구표의 1행과 2행을 이용하여 크기가 같은 분수를 만듭니다.

×	1	2	3	4	5	6	7	8	9	
1	1	2	3	4	5	6	7	8	9	←1행
2	2	4	6	8	10	12	14	16	18	←2행

$$\frac{1}{2} = \frac{2}{4} = \frac{3}{6} = \frac{4}{8} = \frac{5}{10} = \frac{6}{12} = \frac{7}{14} = \frac{8}{16} = \frac{9}{18}$$

곱셈구구표의 2행과 5행을 이용하여 $\dfrac{2}{5}$ 와 크기가 같은 분수를 만드시오.

$$\frac{2}{5} = \frac{4}{10} = \frac{6}{15} = \frac{8}{20} = \frac{\square}{\square} = \frac{\square}{\square} = \frac{\square}{\square} = \frac{\square}{\square} = \frac{\square}{\square}$$

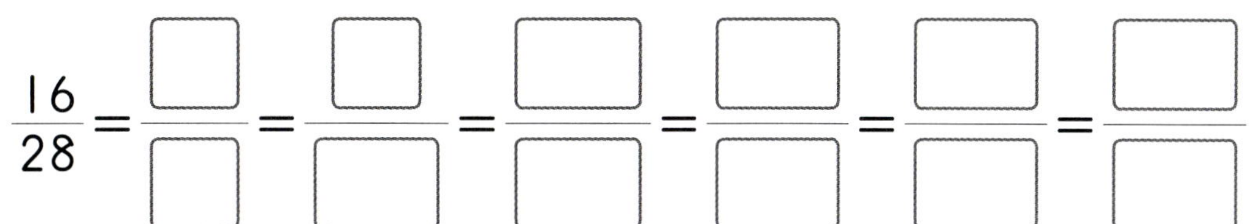

$$\frac{16}{28} = \frac{\Box}{\Box} = \frac{\Box}{\Box} = \frac{\Box}{\Box} = \frac{\Box}{\Box} = \frac{\Box}{\Box} = \frac{\Box}{\Box}$$

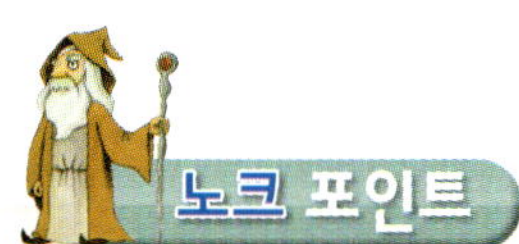

노크 포인트

① 크기가 같은 분수를 만들 때에는 그 분수의 분모와 분자에 0이 아닌 같은 수를 곱하거나 나눕니다.

$$\frac{1}{2} = \frac{1 \times 3}{2 \times 3} = \frac{3}{6} \qquad\qquad \frac{3}{6} = \frac{3 \div 3}{6 \div 3} = \frac{1}{2}$$

② 두 분수의 크기를 비교할 때

- 분모가 같으면 분자가 큰 분수가 더 큽니다. $\dfrac{3}{7} < \dfrac{4}{7}$

- 분자가 같으면 분모가 작은 분수가 더 큽니다. $\dfrac{3}{8} < \dfrac{3}{7}$

- 분모와 분자의 차가 같으면 분모, 분자가 큰 분수가 더 큽니다.

$$\frac{2}{3} < \frac{3}{4} \text{(분모와 분자의 차가 1로 같습니다.)}$$

- 분모, 분자가 모두 다르면 크기가 같은 분수를 이용하여 분모 또는 분자를 같게 한 후 비교합니다.

$$\frac{4}{9} < \frac{2}{3} = \frac{6}{9} \text{(분모를 같게 합니다.)} \qquad \frac{6}{11} < \frac{3}{5} = \frac{6}{10} \text{(분자를 같게 합니다.)}$$

분수의 크기 비교 1

분수의 크기를 비교하는 방법을 알아봅시다. 분수만큼 색칠하고, 알맞은 말에 ◯표 하시오.

1

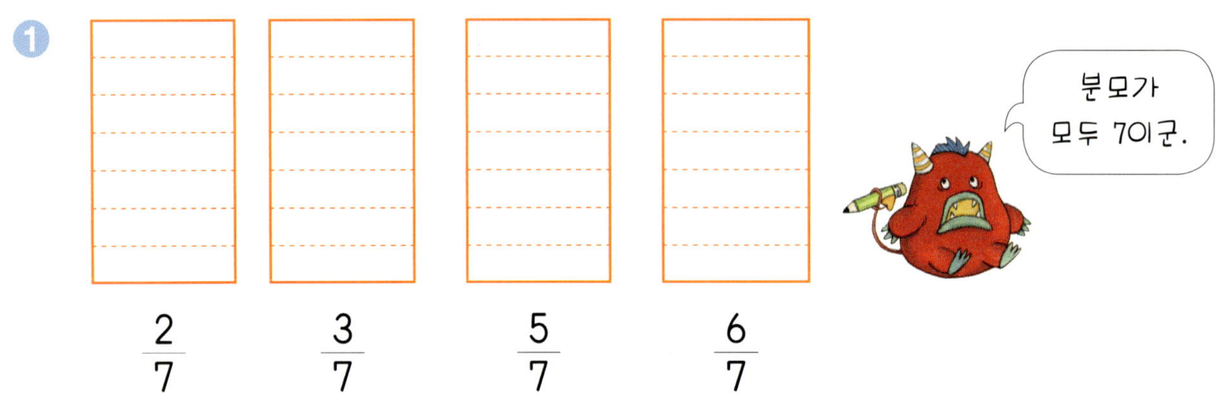

$$\frac{2}{7} \qquad \frac{3}{7} \qquad \frac{5}{7} \qquad \frac{6}{7}$$

분모가 같을 때 분자가 (클수록 , 작을수록) 큰 분수입니다.

2

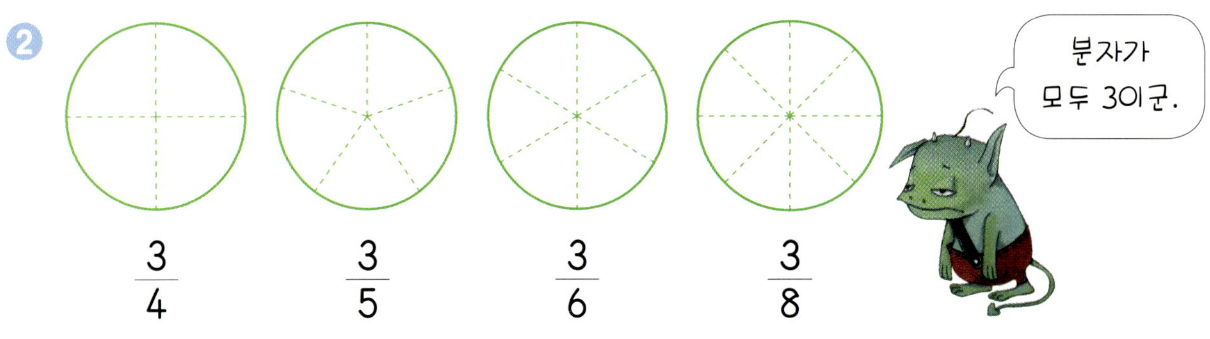

$$\frac{3}{4} \qquad \frac{3}{5} \qquad \frac{3}{6} \qquad \frac{3}{8}$$

분자가 같을 때 분모가 (클수록 , 작을수록) 큰 분수입니다.

3

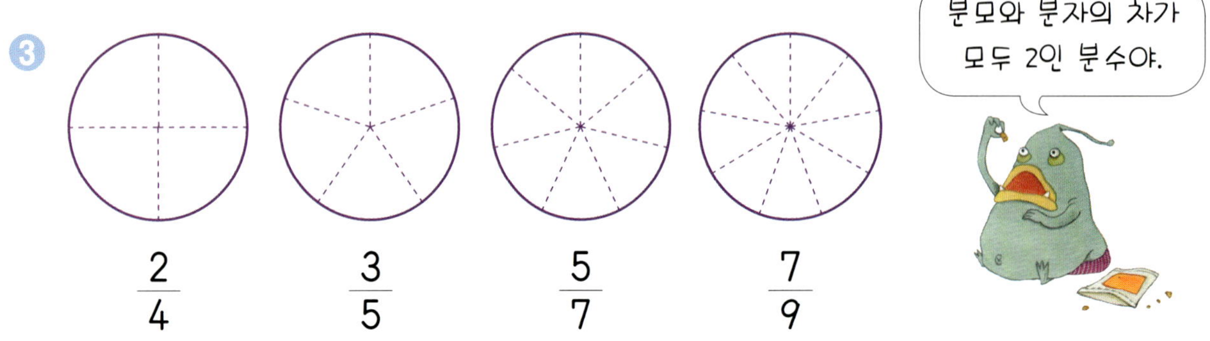

$$\frac{2}{4} \qquad \frac{3}{5} \qquad \frac{5}{7} \qquad \frac{7}{9}$$

분모와 분자의 차가 같을 때 분모, 분자가 (클수록 , 작을수록) 큰 분수입니다.

1 선으로 연결된 두 분수의 크기를 비교하여 ☐ 안에는 큰 분수를, ☐ 안에는 작은 분수를 써넣으시오.

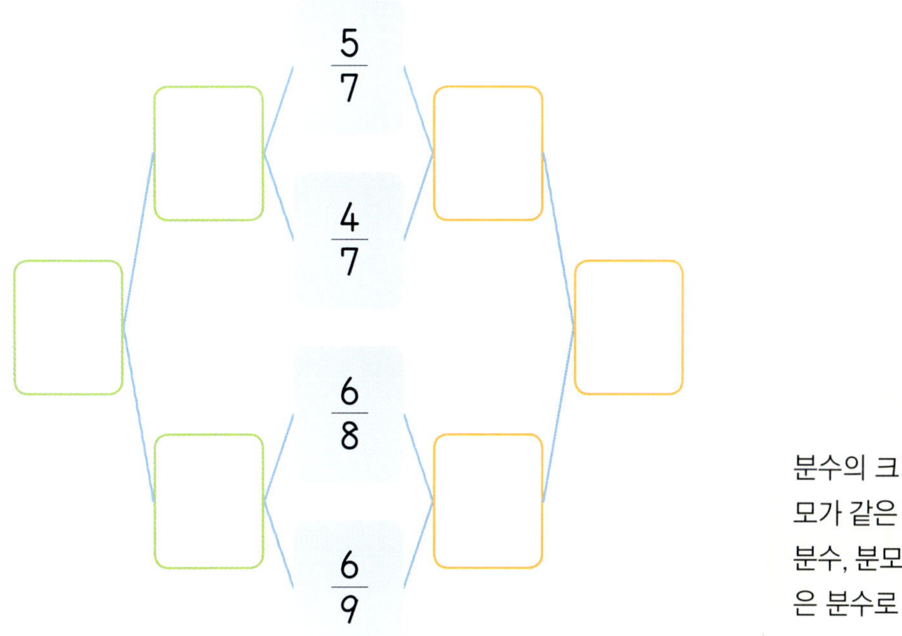

2 다음 분수의 크기를 비교하여 작은 분수부터 차례로 써넣으시오.

$$\frac{6}{9} \qquad \frac{3}{8} \qquad \frac{4}{7} \qquad \frac{4}{8} \qquad \frac{8}{11}$$

☐ < ☐ < ☐ < ☐ < ☐

 # 분수의 크기 비교 2

두 분수의 크기를 비교하여 봅시다.

❶ 크기가 같은 분수를 이용하여 분자가 같은 분수로 만들 수 있습니다. ◯ 안에 > 또는 <를 써넣으시오.

$$\frac{6}{11} \bigcirc \frac{3}{5} = \frac{3 \times 2}{5 \times 2} = \frac{6}{10}$$

❷ 크기가 같은 분수를 이용하여 분모가 같은 분수로 만들고, ◯ 안에 > 또는 <를 써넣으시오.

$$\frac{7}{24} \bigcirc \frac{3}{8} = \frac{3 \times 3}{8 \times 3} = \frac{\square}{\square}$$

❸ 크기가 같은 분수를 이용하여 분모와 분자의 차가 같은 분수를 만들고, ◯ 안에 > 또는 <를 써넣으시오.

$$\frac{\square}{\square} = \frac{5}{6} \bigcirc \frac{7}{9}$$

[분수의 크기 비교]

1 분수의 크기를 비교하는 방법에 맞게 크기가 같은 분수를 만들고, ◯ 안에 > 또는 <
를 써넣으시오.

방법	크기 비교
분자가 같은 분수로 만듭니다.	$\dfrac{5}{37} \bigcirc \dfrac{1}{8} = \dfrac{5}{\boxed{}}$
분모가 같은 분수로 만듭니다.	$\dfrac{11}{27} \bigcirc \dfrac{4}{9} = \dfrac{\boxed{}}{27}$
분모와 분자의 차가 같은 분수로 만듭니다.	$\dfrac{8}{11} \bigcirc \dfrac{3}{4} = \dfrac{9}{\boxed{}}$

[세 분수의 크기 비교]

2 분모 또는 분자가 같은 분수로 만들어 분수의 크기를 비교하려고 합니다. ☐ 안에는 알
맞은 수를, ◯ 안에는 > 또는 <를 써넣으시오.

$$\dfrac{\boxed{}}{\boxed{}} = \dfrac{1}{4} \bigcirc \dfrac{5}{14} \bigcirc \dfrac{3}{7} = \dfrac{\boxed{}}{\boxed{}}$$

지오, 태경, 초이가 분수의 종류에 대해 이야기하고 있습니다.

딴소리, 거꾸로, 멍하니 요괴도 분수의 종류에 대해 이야기하고 있습니다.

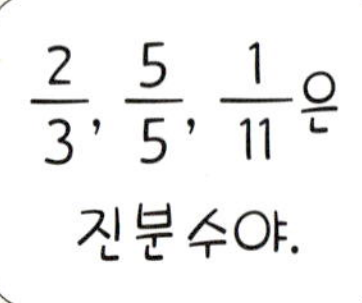

딴소리 요괴   거꾸로 요괴   멍하니 요괴

꼬마 요괴들이 각각 말한 분수 중에는 틀린 것이 하나씩 있습니다. 틀린 분수에 ✕표 하고, 이유를 말해 보시오.

진분수	가분수	대분수
$\frac{2}{3}$ $\frac{5}{5}$ $\frac{1}{11}$	$\frac{7}{3}$ ✕$\frac{9}{0}$ $\frac{11}{11}$	$5\frac{6}{5}$ $2\frac{7}{10}$ $11\frac{1}{2}$

분수의 분모에는 0이

올 수 없습니다.

✪ 다음 조건에 맞는 분수를 모두 쓰시오.

조건 자연수 부분이 5보다 작고, 분수 부분이 $\frac{3}{7}$인 대분수

$1\frac{3}{7},\ 2\frac{3}{7},\ 3\frac{3}{7},\ 4\frac{3}{7}$

조건 분모가 6인 진분수

조건 분자는 7이고, 분모는 1보다 큰 가분수

조건 5보다 작고 분모가 2인 대분수

① 분수에서 가로선의 아래쪽에 있는 수를 분모, 위쪽에 있는 수를 분자라고 합니다. 분수의 분모에는 0을 쓸 수 없습니다.

가로선 $\longrightarrow \dfrac{3 \leftarrow 분자}{8 \leftarrow 분모}$

• 분자가 분모보다 작은 분수를 진분수라고 합니다.

예) $\dfrac{1}{2},\ \dfrac{2}{7},\ \dfrac{6}{15}$

• 분자가 분모와 같거나 분모보다 큰 분수를 가분수라고 합니다.

예) $\dfrac{9}{2},\ \dfrac{4}{3},\ \dfrac{7}{7}$

• 자연수와 진분수로 이루어진 분수를 대분수라고 합니다. 이때 분수 부분은 가분수가 아니라 진분수임에 주의합니다.

예) $3\dfrac{1}{5},\ 10\dfrac{3}{12},\ 5\dfrac{11}{26}$

② 3장의 숫자 키드를 사용하여 다음과 같은 형태의 진분수, 가분수, 대분수를 만들 수 있습니다.

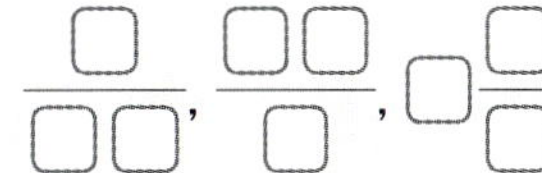

숫자 카드로 여러 가지 분수 만들기

다음 숫자 카드 중 3장을 한 번씩만 사용하여 조건에 맞게 진분수와 가분수, 대분수를 만들어 봅시다.

❶ 3장의 숫자 카드를 한 번씩만 사용하여 만들 수 있는 진분수는 ▢/▢▢ , 가분수는 ▢▢/▢ 형태입니다. 가장 큰 진분수와 가장 큰 가분수를 만들어 보시오.

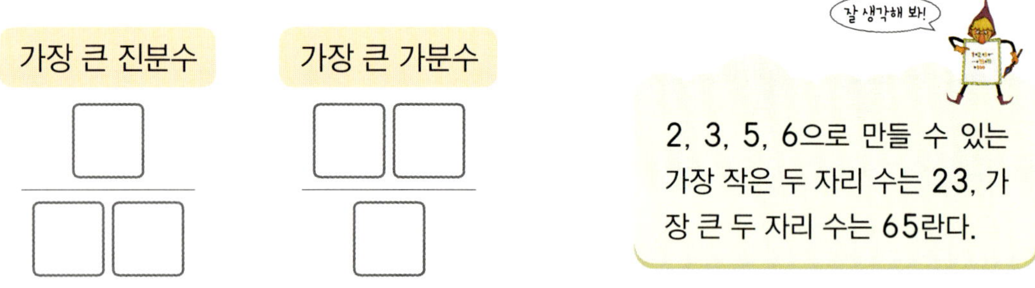

❷ 가장 큰 대분수를 만들려면 자연수 부분의 수가 가장 크고 나머지 수로 가장 큰 진분수를 만들면 됩니다. 가장 큰 대분수를 만들어 보시오.

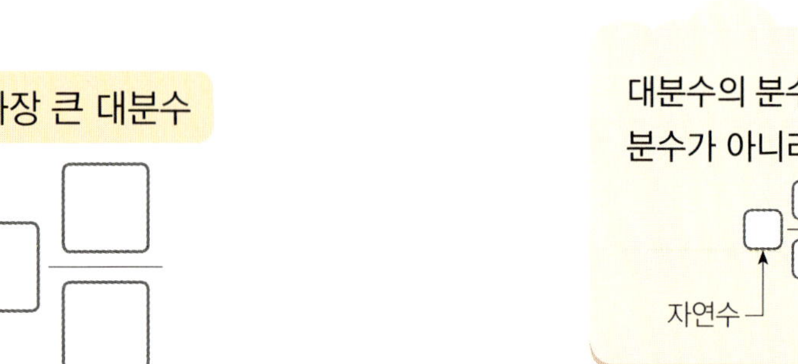

1 3장의 숫자 카드 $\boxed{4}$, $\boxed{5}$, $\boxed{8}$ 을 한 번씩 모두 사용하여 가장 큰 진분수, 가장 큰 가분수, 가장 큰 대분수를 만들어 보시오.

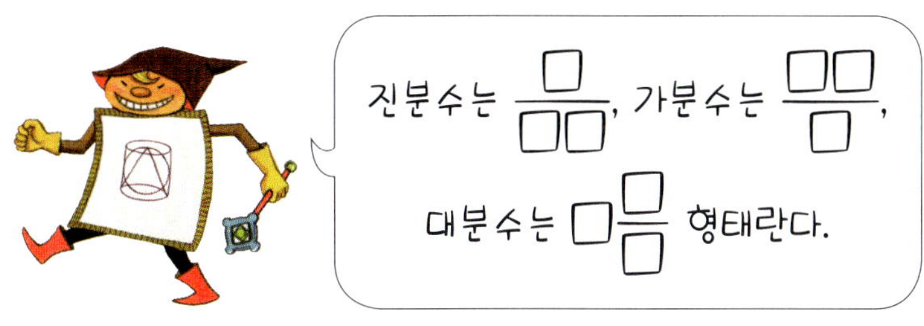

2 유리 상자 속에 숫자가 적힌 공 5개가 들어 있습니다. 상자에서 공 3개를 뽑아 공에 적힌 숫자를 한 번씩만 사용하여 여러 가지 분수를 만들려고 합니다. 만들 수 있는 가장 작은 진분수, 가장 작은 가분수, 가장 작은 대분수를 쓰시오.

조건에 맞는 분수 만들기

다음 조건 에 맞는 분수를 모두 알아봅시다.

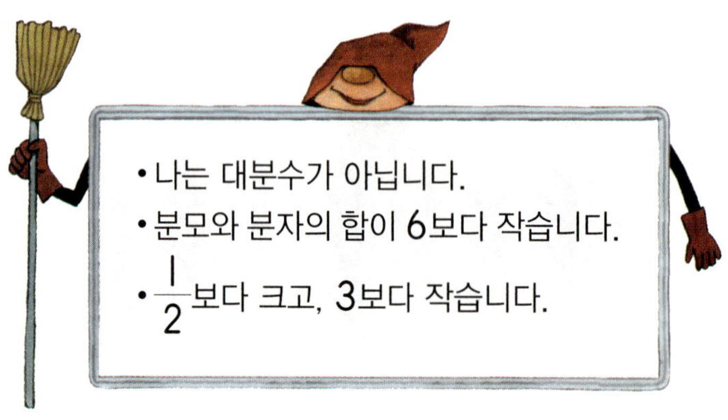

❶ 분모와 분자의 합이 6보다 작은 분수입니다. ☐ 안에 알맞은 수를 써넣으시오.

• 분모와 분자의 합이 2: $\dfrac{\boxed{}}{\boxed{}}$

• 분모와 분자의 합이 3: $\dfrac{\boxed{1}}{2}$, $\dfrac{\boxed{}}{1}$

• 분모와 분자의 합이 4: $\dfrac{\boxed{}}{3}$, $\dfrac{\boxed{}}{2}$, $\dfrac{\boxed{}}{1}$

• 분모와 분자의 합이 5: $\dfrac{\boxed{}}{4}$, $\dfrac{\boxed{}}{3}$, $\dfrac{\boxed{}}{2}$, $\dfrac{\boxed{}}{1}$

❷ ❶에서 구한 분수 중에서 $\frac{1}{2}$ 보다 크고 3보다 작은 분수를 모두 쓰시오.

1 분모와 분자의 합이 Ⅰ7이고 분모와 분자의 차가 Ⅰ1인 진분수와 가분수를 각각 구하시오.

합이 Ⅰ7, 차가 Ⅰ1인
두 수를 찾아봐.

[조건에 맞는 분수]

2 다음 조건 에 맞는 분수를 모두 구하시오.

조건

- 나는 가분수입니다.
- 분모와 분자의 차가 Ⅰ보다 크고, 5보다 작습니다.
- 2와 같거나 2보다 큽니다.

분수 규칙

태경, 초이가 분수의 규칙 찾기를 합니다.

$$\dfrac{1}{2}, \dfrac{3}{5}, \dfrac{5}{8}, \dfrac{7}{11}, \dfrac{9}{14} \cdots\cdots$$

$$\dfrac{9}{9}, 1\dfrac{1}{9}, \dfrac{11}{9}, 1\dfrac{3}{9}, \dfrac{13}{9} \cdots\cdots$$

울보와 딴소리 요괴도 분수의 규칙 찾기를 합니다. 규칙을 못찾겠다고 울보 요괴는 울고, 딴소리 요괴는 딴소리를 합니다.

$$\dfrac{2}{3}, \dfrac{1}{5}, \dfrac{4}{6}, \dfrac{2}{10}, \dfrac{8}{12} \cdots\cdots$$

꼬마 요괴들의 분수의 규칙을 찾아 ☐ 안에 알맞은 수를 써넣으시오.

$$\dfrac{2}{3}, \dfrac{1}{5}, \dfrac{4}{6}, \dfrac{2}{10}, \dfrac{8}{12}, \dfrac{\boxed{}}{\boxed{}} \cdots\cdots$$

일정한 규칙에 따라 분수를 늘어놓았습니다. ☐ 안에 알맞은 수를 써넣으시오.

$$1, \ \frac{1}{2}, \ 1, \ \frac{1}{3}, \ \frac{2}{3}, \ 1, \ \frac{1}{4}, \ \frac{\square}{\square}, \ \frac{\square}{\square}, \ \square \ \cdots\cdots$$

$$\frac{1}{2}, \ \frac{2}{3}, \ \frac{3}{5}, \ \frac{5}{8}, \ \frac{8}{13}, \ \frac{13}{21}, \ \frac{21}{34}, \ \frac{\square}{\square}, \ \frac{\square}{\square}, \ \frac{\square}{\square} \ \cdots\cdots$$

일정한 규칙에 따라 분수가 나열되어 있을 때 규칙을 찾는 방법을 알아보면

분자와 분모로 나누어 각각의 규칙을 찾습니다.

$$\frac{1}{2}, \ \frac{2}{4}, \ \frac{3}{6}, \ \frac{4}{8}, \ \frac{5}{10}, \ \frac{6}{12}, \ \frac{7}{14}, \ \frac{8}{16} \ \cdots\cdots$$

← 분자가 1씩 커집니다.
← 분모가 2씩 커집니다.

분자와 분모의 합 또는 차의 규칙을 찾습니다.

$$\frac{1}{2}, \ \frac{1}{3}, \ \frac{2}{4}, \ \frac{2}{6}, \ \frac{4}{8}, \ \frac{4}{12}, \ \frac{8}{16}, \ \frac{8}{24} \ \cdots\cdots$$

← 앞 분수의 분모와 분자의 차입니다.
← 앞 분수의 분모와 분자의 합입니다.

가분수와 대분수가 섞여 있는 경우 모두 가분수로 바꾸어 규칙을 찾습니다.

분수의 분모 또는 분자가 똑같이 연속하여 나오는 경우, 연속하는 부분을 묶어 규칙을 찾습니다.

$$\frac{1}{2}, \ \frac{1}{3}, \ \frac{2}{3}, \ \frac{1}{4}, \ \frac{2}{4}, \ \frac{3}{4} \ \cdots\cdots \ \rightarrow \ \left(\frac{1}{2}\right), \ \left(\frac{1}{3}, \ \frac{2}{3}\right), \ \left(\frac{1}{4}, \ \frac{2}{4}, \ \frac{3}{4}\right) \ \cdots\cdots$$

99번째 분수

다음과 같이 분수를 늘어놓을 때 99번째 분수를 구해 봅시다.

$$1, \ 1\frac{2}{10}, \ 1\frac{4}{10}, \ \frac{16}{10}, \ 1\frac{8}{10}, \ \frac{20}{10}, \ 2\frac{2}{10}, \ \frac{24}{10}, \ 2\frac{6}{10} \cdots\cdots$$

❶ 대분수 또는 자연수, 가분수가 차례로 나옵니다. 99번째 분수의 종류에 ◯표 하시오.

대분수 또는 자연수   가분수

❷ 자연수와 대분수, 가분수가 섞여 있을 경우에는 모두 가분수로 바꾸면 규칙을 찾기 쉽습니다. 주어진 분수를 모두 분모가 10인 가분수로 바꾸어 쓰시오.

$$\frac{\square}{10}, \ \frac{12}{10}, \ \frac{\square}{10}, \ \frac{16}{10}, \ \frac{\square}{10}, \ \frac{20}{10}, \ \frac{\square}{10}, \ \frac{24}{10}, \ \frac{\square}{10} \cdots\cdots$$

❸ 분자의 규칙을 찾아 99번째 분수의 분자를 쓰시오.

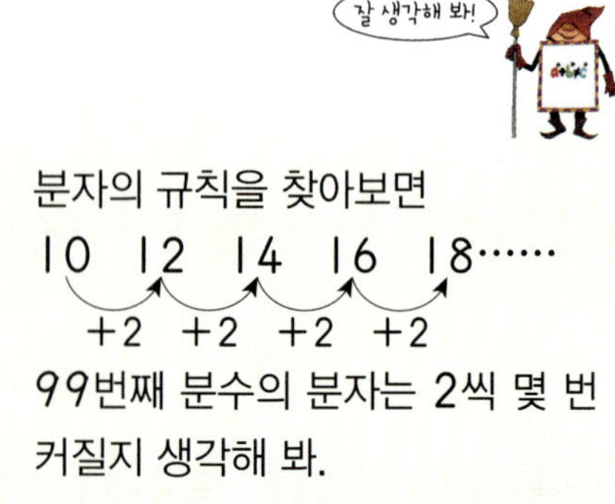

❹ 99번째 분수의 종류에 맞게 99번째 분수를 구하시오.

1 다음과 같은 규칙으로 분수를 늘어놓을 때 | | 번째 분수를 구하시오.

$$1\frac{1}{10},\ 2\frac{3}{10},\ 3\frac{5}{10},\ 4\frac{7}{10},\ 5\frac{9}{10},\ 7\frac{1}{10},\ 8\frac{3}{10},\ 9\frac{5}{10},\ 10\frac{7}{10} \cdots\cdots$$

가분수로 고쳐서 보면
바로 알 수 있지.

2 다음과 같이 분수를 늘어놓을 때 50번째 분수를 구하시오.

$$\frac{9}{8},\ 1\frac{4}{8},\ \frac{15}{8},\ 2\frac{2}{8},\ \frac{21}{8},\ 3,\ \frac{27}{8},\ 3\frac{6}{8} \cdots\cdots$$

몇 번째 분수 찾기

다음과 같은 규칙으로 분수를 늘어놓을 때, 1과 크기가 같은 분수는 몇 번째인지 알아봅시다.

$$\frac{1}{50}, \ \frac{3}{51}, \ \frac{5}{52}, \ \frac{7}{53}, \ \frac{9}{54}, \ \frac{11}{55}, \ \frac{13}{56} \ \cdots\cdots$$

❶ 분수의 분모와 분자의 차를 구하여 ☐ 안에 써넣으시오.

$$\frac{1}{50} \rightarrow 49 \qquad \frac{3}{51} \rightarrow \boxed{} \qquad \frac{5}{52} \rightarrow \boxed{} \qquad \frac{7}{53} \rightarrow \boxed{}$$

> **규칙** 분수의 분모와 분자의 차가 ☐ 씩 작아집니다.

❷ 분모와 분자의 차가 0이 되는 것은 몇 번째입니까?

❸ 1과 크기가 같은 분수는 몇 번째입니까?

1 다음과 같이 분수를 늘어놓을 때 $\dfrac{5}{6}$ 는 몇 번째입니까?

$$1,\ \dfrac{1}{2},\ 1,\ \dfrac{1}{3},\ \dfrac{2}{3},\ 1,\ \dfrac{1}{4},\ \dfrac{2}{4},\ \dfrac{3}{4},\ 1 \cdots\cdots$$

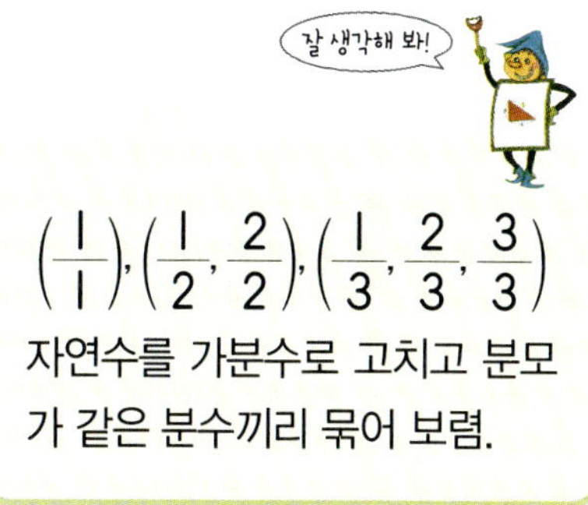

$$\left(\dfrac{1}{1}\right),\ \left(\dfrac{1}{2},\ \dfrac{2}{2}\right),\ \left(\dfrac{1}{3},\ \dfrac{2}{3},\ \dfrac{3}{3}\right)$$

자연수를 가분수로 고치고 분모
가 같은 분수끼리 묶어 보렴.

[첫 번째 가분수]

2 다음과 같은 규칙으로 분수를 늘어놓을 때 가분수가 나오는 것은 몇 번째입니까?

$$\dfrac{2}{99},\ \dfrac{5}{97},\ \dfrac{8}{95},\ \dfrac{11}{93},\ \dfrac{14}{91},\ \dfrac{17}{89},\ \dfrac{20}{87}\cdots\cdots$$

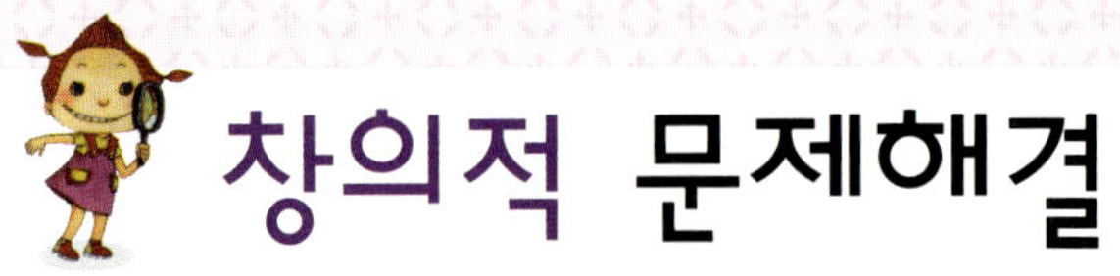

창의적 문제해결력

1 다음 ☐ 안에 들어갈 수 있는 수의 합을 구하시오.

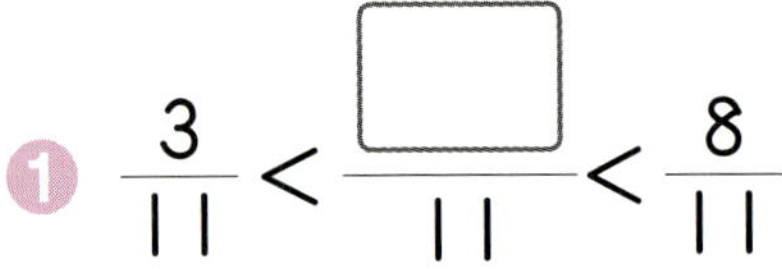

❶ $\dfrac{3}{11} < \dfrac{\square}{11} < \dfrac{8}{11}$

❷ $\dfrac{5}{12} < \dfrac{5}{\square}$

2 다음 숫자 카드 중 3장을 골라 한 번씩만 사용하여 만들 수 있는 10보다 작은 가분수는 모두 몇 개입니까?

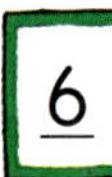

3 분모와 분자의 합이 15인 가분수를 대분수로 나타내었더니 자연수 부분이 2가 되었습니다. 이 가분수를 구하시오.

4 다음은 일정한 규칙에 따라 분수를 늘어놓은 것입니다. 규칙을 찾아 ☐ 안에 알맞은 수를 써넣으시오.

① $\dfrac{1}{1}$, $\dfrac{2}{1}$, $\dfrac{1}{2}$, $\dfrac{3}{1}$, $\dfrac{2}{2}$, $\dfrac{1}{3}$, $\dfrac{4}{1}$, $\dfrac{3}{2}$, $\dfrac{2}{3}$, $\dfrac{1}{4}$, $\dfrac{5}{1}$, $\dfrac{\square}{\square}$ ……

② $\dfrac{20}{1}$, $\dfrac{21}{3}$, $\dfrac{24}{5}$, $\dfrac{29}{7}$, $\dfrac{36}{9}$, $\dfrac{45}{11}$, $\dfrac{\square}{\square}$ ……

③ $\dfrac{1}{3}$, $\dfrac{1}{3}$, $\dfrac{2}{6}$, $\dfrac{3}{9}$, $\dfrac{5}{15}$, $\dfrac{8}{24}$, $\dfrac{\square}{\square}$ ……

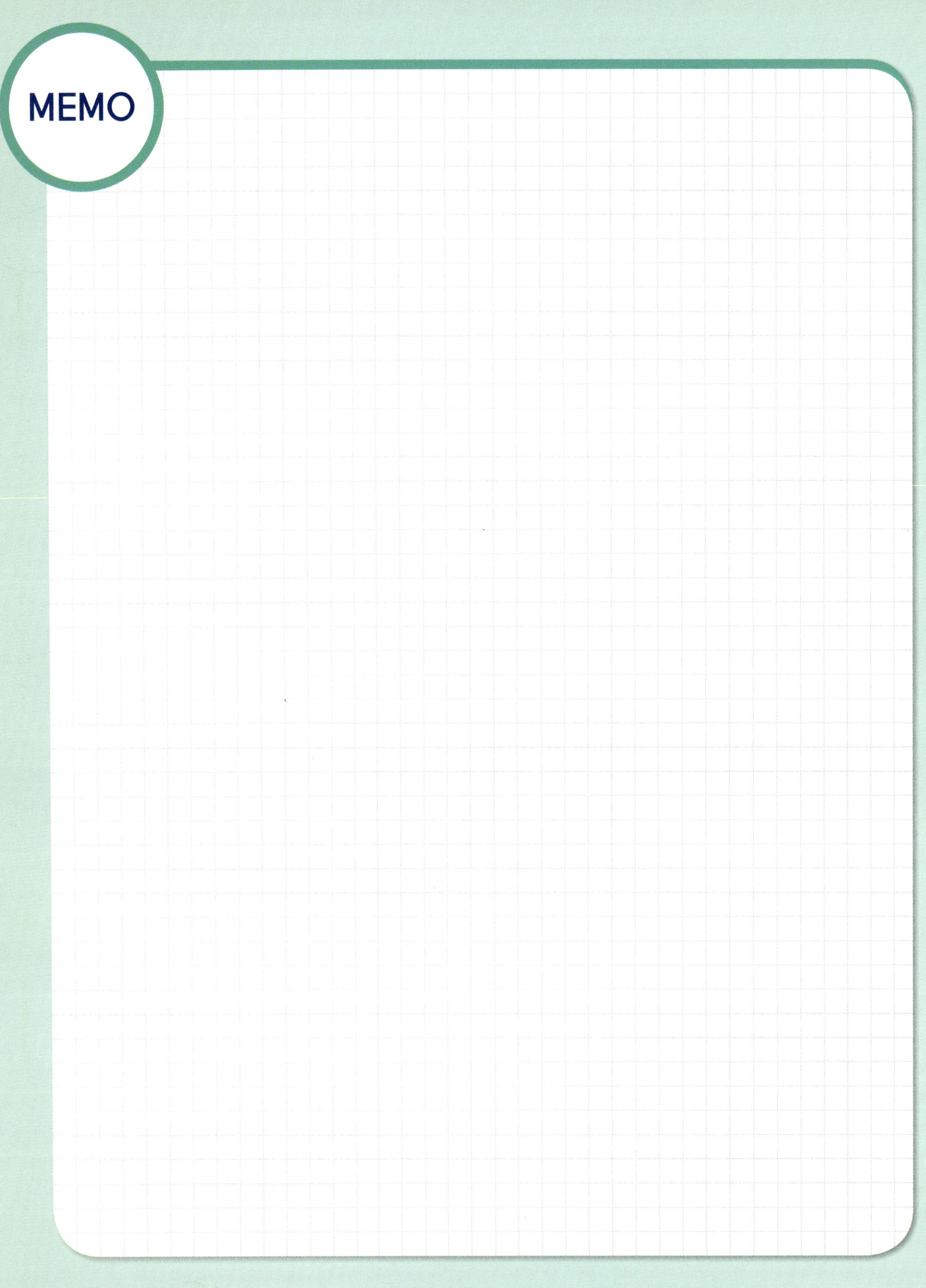
MEMO